タニアのドイツ式台所管理術

献立のくり回し・整理・掃除……
台所仕事のすべて

門倉多仁亜

集英社

はじめに

毎日、人が暮らす上で必要なことって何でしょう。いろいろ考えてみましたが、やはり健康に日々暮らせることが何よりも大事で幸せなことです。

そんな私たちの心と身体の健康を守るのは生活習慣です。何を重要視するかは文化や個人によって違うと思いますが、大まかに言えば、生活のリズム、運動、食生活、休養でしょうか。

今回は「台所仕事」について書きました。毎日の暮らし、そして健康を考えたときに、台所仕事って本当に重要なポジションにあるんだな、と改めて感じました。

台所で食事を作り、一日3回、ほぼ決まった時間に家族に食べさせるので、毎日の暮らしのリズムはここで生まれます。そして、身体の元となる栄養をとるための食事を作るのも台所。

もしかしたら、身体の栄養の50％は、台所で作られているのかもしれません。いえ、それ以上かもしれません。楽しく作っておいしく食べられれば、心の健康にもつながるから、本当に台所仕事は大切なこと。

台所仕事の基本は、

・健康でおいしく食べられること。
・清潔であること。
・食品や台所道具などを効率よく管理すること。
・献立をうまくくり回すこと。

に集約できると思います。

ひと言でいうと簡単なことのように思います。そして、家庭の主婦ならもうずっと昔からみながやってきたことだからできるのは当たり前、と思いがちです。

でも、さまざまなことがうまく回っていくためには、考えて工夫して経験を重ねてやっと一人前になれるような、そんなプロセスが必要です。まさに、仕事と同じ。

そんな観点から台所仕事を考え直すと、もっと取り組みやすく、楽にできるようになるのではないかしらと思います。私の経験から学んだノウハウをお伝えしましょう。私のやり方を参考にして、みなさん流にアレンジしてくだされればうれしいです。

目次

第2章　台所は清潔であること

第3章　キッチンは使いやすい動線や収納を

第4章 毎日の献立のくり回しのこと

タニアの定番レシピ

第1章　健康でおいしく食べられること

台所仕事はなるべくシンプルに考えよう

簡単に台所仕事といいますけれど、実際にやってみると意外と大変です。まずどんな料理を作るのか考え、献立作りをしないといけません。そして、その料理を作るために、食材を買い出しし、無駄にならないように管理します。また、調味料や乾物などある程度のストック食品を用意する必要もあります。食費の予算も考えなければなりません。また、料理をするための道具が必要ですし、それを使いこなせないといけません。さらに、使いやすいように収納する能力も必要です。そして、台所は衛生面がとても大事になりますから、清潔を保つために掃除もちゃんとしないといけません。

忙しい日々の暮らしの中で、台所仕事をどうすればもっと効率的に、無駄なくうまくこなすことができるようになるのか、一度立ち止まって考えてみてもよいのではないかと、この本の企画をいただいて改めて考えました。

家事は自然にできる。台所仕事は昔から女性たちはみんなやってきたのだから。暮らしの中の一部だから簡単なこと、くらいに私も思っていました。でも家庭科という教科があるくらいですから、基本的な考え方をここでもう一度振り返ってみたいと思います。

台所仕事は大変と書いてしまいましたが、必要以上に大変と思うことはありません。というか、大変にする必要はありません。台所仕事の基本中の基本は、健康を維持するために身体によい食事を作ること。それさえできればいいのです。料理の盛りつけ、お弁当の飾りつけ、料理のレパートリーをたくさん増やす、おもてなし料理、テーブルセッティング、お菓子作りなどはできたら楽しいですし、暮らしを豊かにしてくれるでしょう。でも基本ではないのです。できる必要はなく、する必要もありません。好きで趣味のように楽しみたい人や、余裕のある人がすればよいことなのです。プラスαをしなければならないと考えずに、ここでは何が大事なのかをしっかり見据え、気持ちを楽に考えて台所仕事に取りかかりましょう。

1 元の自然な形の見えている素材を選ぶ

料理を作るときの私の基本的な考え方は、食材はなるべく自然な形のものを購入して、シンプルに料理するということです。加工品ではなく、元の食材を選べば、何か添加物が入っているのでは、などと心配することもないですし、栄養もしっかりとれると思います。

もちろんそうできない場合もありますが、健康を考えるときの基本です。調味料類も自然なものであれば買ってもいいと思っています。完全には難しいですが、ラベルを見て、その調味料が何から作られているかがわかるものを選ぶようにしています。人工的なものはあまり信用していないので、昔からマーガリンよりはバター派です。バターは太るとか、コレステロール値が高くなるなどといわれますが、たくさん食べる必要はないのですから……。マーガリンのような人工的な製品よりは、産業革命以前の昔から人間が作って食べてきたバターのほうが自然で身体に優しいと思うので、バターを選ぶようにしています。

スーパーに行くと市販のドレッシングはこれでもか、と思うほど豊富にそろっています。でも私に言わせると、ドレッシングは自分で作るもの。エクストラバージンオリーブオイルにレモン汁やワインビネガー、米酢、バルサミコ酢でもいい、酸味を少々プラスして、塩、こしょうで味つけしたものを混ぜるだけ。簡単なのでぜひ自分で作りましょう。

野菜は色つやのいいものを選び、鮮度が落ちないうちに使い切る。栄養価の高い卵は冷蔵庫に常備。

2 毎日30品目食べなくてもいい

日本人は、健康に気をつけ、栄養に気をつける人たちが多いと思います。以前から、一日30品目食べるようにと、常識のようにいわれています。でも、毎日30品目食べなくては、と思いながら神経を使って献立を考えてごはん作りをするのは、ストレスになりませんか？　そうできる余裕があればいいのですが、仕事をしていたり、子供が小さかったりで多忙な人には、きついのではないかと思います。

そこで、私はこう考えています。肉、魚、卵、乳製品、豆類などのたんぱく質、野菜、果物などのビタミン類、パン、ご飯などの炭水化物を、まんべんなくいろいろと食べていればいいのではないか、と。こうすれば、30品目は食べていないかもしれませんが、ほぼ充足した栄養をとれているはずです。そのくらいゆったりかまえてもいいのでは？　あと私は、夕食のメインを肉、魚と交互にしているという友人の話を聞いて以来、自分でもそのようにしています。肉料理は私にとって楽なので、ついつい肉を選びがちでしたが、魚を食べることも大事なので、それを心がけています。

また、これは母から教わったことですが、「食の安全」という見地からも、いろいろな食材をまんべんなく食べるということが大事なのでは、と思います。もちろん「食の安全」はあって当然と信じて食材を買って食べるわけですが、いつどんな事件があるかわかりません。あまり偏った食事をしているよりは、さまざまな食材をまんべんなく食べることは当然栄養的にもいいですし、リスクの分散という意味でも大事だと母に教わりました。

もうひとつ、母から教わって今も実践していることは、たんぱく質の食材を買うときの基準です。一人分80gを目安に肉や魚を買うようにしています。

3 ドイツの朝ごはん

ドイツ人は朝食を大事にします。毎日、朝食は比較的しっかりとります。ドイツパン、バター、ジャム、チーズ、ハムなどの加工肉類、クワルク（ドイツのフレッシュチーズ）、フルーツにコーヒーというのが一般的です。もちろん人それぞれですが……。

ドイツの祖父は、祖母が亡くなり、高齢で一人暮らしをすることになって、出歩く機会がめっきり減ってしまったことに気がつきました。そして別荘のあるスペインに行くと、朝からたくさんの人がカフェに座っていたことを思い出し、自分もそんなライフスタイルをドイツでの生活のリズムに取り入れることに決めました。近所で見つけたカフェへ、毎日車を運転して行きます。どんな気候の日でも出かけると自分で決め、結果、運転のよい練習になったと言っています。

　カフェの隣でまずは新聞を買い、食べるものも決まっているので、行けばお店の人が「いつものね」と言って作ってくれます。祖父は糖尿病を患っているので、血糖値を気にしてブレッチェン半分とメット（生で食べられる豚肉のミンチと玉ねぎのみじん切りを混ぜ、塩とこしょうだけで味つけするシンプルなもの）、それとミルクコーヒーが定番で、祖父のここ5年来のいつもの朝食です。

　私が子供の頃、ドイツで祖父母と暮らしていたときは、毎朝朝食用のブレッチェンというパンを買いに行くのは、私の役目でした。お店の地下にパン焼き窯があり、そこからパンの焼ける何ともいい匂いがしました。まだ熱々のパンを紙袋に入れてもらい、急いで帰って、祖父母と一緒に、今思い出しても懐かしくおいしい朝食を食べたものです。

　もうひとつ、ドイツ人は戸外にテーブルを出して朝食を楽しむのが好きです。春から秋にかけて、気候のよい季節はなるべく朝食を外でとります。自分の家のベランダや庭でもいいですし、週末ともなると友人とカフェで朝食もよくします。カフェで人気なのは、グラスに入って出される「ゆで卵2個」というメニュー。みんなゆで卵にはこだわりがあり、好みのゆで加減、たとえば3～5分ゆでというようにオーダーします。

　東京での私の朝食は、ライ麦入りの雑穀パンにバター、ジャム、そしてヨーグルトに果

ドイツ人はやわらかめの半熟卵を好む人が多い。パンのほか、野菜、果物などを添え、塩でいただく。

物とコーヒーといった軽いものですませます。

ライフスタイルにかかわる話にもなりますが、ドイツ人は休日に人を招くとき、朝食かコーヒータイムにという場合が多いのです。よく土曜日の朝9時頃からお昼までの間に、先ほど挙げたような、各種パン、ハムやレバーペーストなどの加工肉類、チーズ、ゆで卵、ジャム、コーヒーなどで人を招きます。果物、ミューズリー、はちみつ、フレッシュジュースなどを用意する人もいます。パン屋さんは、朝6時半から開いていますから、招かれた人は焼きたてのパンを持って行きます。朝食会が午前中で終了すると、午後の時間を有効に使えます。特にドイツでは日曜はほとんどの店が休みですから、土曜の午後は買い物などの所用にあてる人が多いので合理的です。

日本は人を招いたり招かれたりすると、長時間にわたることが多いですね。気を使いすぎていろいろなものを作って用意する気がします。それでは、お互いに疲れてしまうのではないかしら? せっかくの休日はゆっくり休みたい、でも友人たちにも会いたいし、というときに、この朝食会はおすすめです。あと、ドイツ人が友人を招くのがコーヒータイム。その場合は、午後3時～5時くらいが多いでしょうか。コーヒーと手作りのお菓子を2種類くらい用意します。夕方になったら、さっと失礼します。ドイツのこういうスタイルだと、もっと気軽に人を招いたりできるようになると思うのですが、どうでしょうか?

4 夜の食事は軽く！

うちでは、週に2回ほどはドイツ風の夕食です。これは「カルテスエッセン(Kaltes Essen)」という、和訳すると「冷たい食事」のこと。火を使わないで作ることができる簡単な食事という意味なのですね。ドイツでは昼にしっかり温かい料理をいただくので、夜は通常こういう夕食です。内容は、ライ麦パンに、ハムやチーズとサラダなどの簡単なメニューの組み合わせ。サラダは、生野菜、焼いた野菜、ゆでた野菜などを組み合わせ、焼いた鶏肉やエビ、カリッとした食感のひまわりの種などのナッツ類やカリカリベーコンを添えるのがタニア流です。余裕があるときは、このほかにスープなども作ります。最初にこういう夕食を出したら、夫は物足りなかったようですが、最近は翌朝にお腹がすっきりしているというので、週2回は「カルテスエッセン」がルーティンになりました。接待の食事が続くと特に、夫はこの食事のよさを感じているようです。

また最近、夕食時に生の野菜やフルーツをしぼったフレッシュジュースを飲むことにしています。これは、酵素栄養学を研究する鶴見隆史先生と、ある雑誌で対談したのがきっかけ。酵素は年齢とともに体内で作る量が減るので、身体の外から取り入れないといけないというお話を伺いました。生の野菜やフルーツのジュースがよいとのことですが、普通のジューサーだと高速で回転するので熱が発生し、せっかくの酵素を壊してしまうとのこと。低速ジューサーをすすめていただいたので早速購入しました。また、酵素はとても壊れやすいものなので、作って15分以内に飲まないと効果がなく、食事前に酵素をとると吸収がいいと聞きました。それ以来、週に2回くらいは夕食の最初に飲んでいます。主に小松菜とキャベツ、それに季節のフルーツ、たとえばりんごやたんかん、ぶどうなどを加えて作ります。日本人なら毎日夕食に大根おろしを食べるだけでもいい、というお話も聞きましたよ。

5 ドイツと日本、食文化の相似点

ドイツは、肉料理、つけ合わせの野菜料理、そして主食はじゃがいも、というのが一般的な献立の組み合わせです。日本では、焼き魚や煮魚、おひたし、煮物、ご飯、お味噌汁、お新香などが従来のスタイルでした。

基本的にドイツは肉食文化だから、加工肉類もたくさんありますし、おいしいものです。たとえば、ベーコンはそのまま焼いても食べますが、味を足すというか、旨みを加えるということでも役に立つ食材です。ジャーマンポテトには必須ですし、カリカリに焼いてサ

ドイツ風の夕食、カルテスエッセン。
軽い食事でも、たんぱく質、野菜、
炭水化物はバランスよくとれる。

ラダに混ぜても旨みを増します。日本では、鹿児島でよく食べるさつまあげがベーコンに相当するのでは、と思います。魚の加工品ですが、焼いてそのままいただくばかりではなく、煮物の味出しや、ボリュームを出すのにもとても便利です。さつまあげは日本のベーコンみたいだと思います。ドイツと日本、違う食材であっても、役割は同じようなものがあるのは面白いですね。さつまあげが煮物の味出しになるのだから、と思って、肉じゃがにベーコンを入れたことがあります。普通の牛肉の肉じゃがを期待していた夫に、あれは肉じゃがではないと言われ、ちょっと失敗したのかな、と思いました。「今日は肉じゃがよ」と言わずに、最初から「ベーコンで作った肉じゃがよ」と言えばよかったのですね。

6 食事をする場所とくつろぐ場所は別

実家は転勤族だったこともあって、ほとんど仮住まいでした。その与えられた空間を上手に使うのは母の工夫の見せどころでした。

日本では、いわゆる団地にも住んでいましたが、覚えていることは、リビングスペースと、キッチン&ダイニングはいつも区分されていたということです。食事をとるスペースとくつろぐ場所は別とされ、リビングには食べ物を絶対に持ち込んではいけないと決めら

ベーコンを炒め、玉ねぎとじゃがいもを入れて炒め合わせ、ひたひたの水、しょうゆとザラメを加えて煮る。

れていたことが思い出されます。

また、印象に残っているのは、ダイニングテーブルは昼間は宿題をするのに使ったり、工作をしたりすることもよくあったけれど、食事前にはテーブルの上のものはすべて片づけて、テーブルセッティングをすることでした。7歳頃からこれは私の仕事で、母に今日はどのお皿を出せばよいのか聞いて、きれいに並べるのがとても好きでした。

そしてもうひとつ、ダイニングテーブルからはテレビが見えないようになっていたこと。テレビがあるのはくつろぐ空間です。食事の時間はテレビを消し、食事に集中し、一緒に食事をする相手と会話を楽しむコミュニケーションの時間です。その辺はドイツ育ちの母親に、とても厳しくしつけられました。

食事の時間は生活のリズムを作るための大事な時間です。自分に厳しくしないと、ついついながら作業になってしまいますが、それはもったいない気もします。何を食べているかよく見て味わって食べなければ、食事を楽しめないし、栄養も十分にとれない気がします。せっかくのコミュニケーションの時間ですから大事にしたいと思っています。忙しい現代社会なので毎食は無理だとしても、一日に1回は家族がそろって食卓を囲み、なるべくおいしく楽しく食事の時間を共有するのが理想です。

第2章　台所は清潔であること

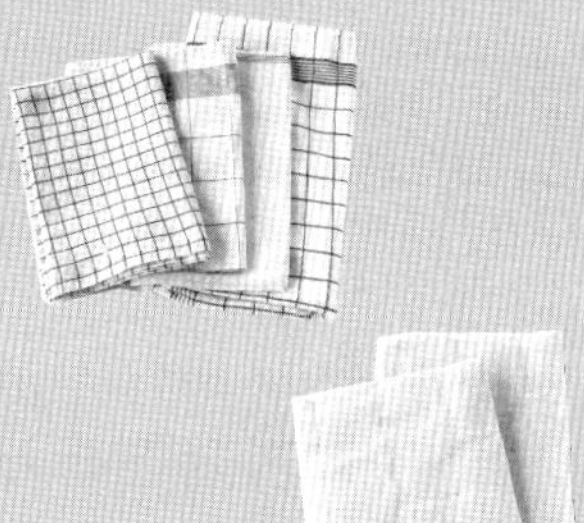

ドイツのキッチンから学んだこと

質実剛健を旨とするドイツ人にとって、家とは40～50年たったら取り壊して建て替えるものではなく、長年にわたり次の世代にまで受け継いでいくものです。家やマンションが100年以上使われるのは当たり前のことです。長いこと気持ちよく使い続けたいと思うので、自然と普段から家のお掃除やお手入れには気を使います。

家の中で、汚れやすいからこそ清潔に使いたいのは水まわりです。特に台所は食品を保管し、毎日の食事を用意する部屋。家族の健康のために、ことさら清潔を保ちたい場所です。

ドイツでは、台所は毎日のちょこちょこ掃除と、一週間に1度の本格的な掃除をしている人が多いです。毎日の食事のあとは、洗いものをしてから、絞った台布巾でコンロまわりの汚れや流しのまわりの水滴を拭きます。子供の頃、祖父の家では、最後に水気を拭き取らないと、必ず「まだ終わってないよ」と言われたものでした。ドイツの水は硬水でカルキが白くつきやすいのでなおさらだったと思いますが、水滴はそのままにするといつのまにか水垢がたまるものです。なるべくこまめに拭くことを心がけます。また、キッチンの床に水滴や汚れが落ちたら、踏んでしまう前にさっとひと拭き！　家中に汚れを持ち出さないようにしましょう。

以上が毎日のお手入れで、あとは週に1度の家全体の掃除のときに、キッチンももう一度念入りに、今度は洗剤を使って、コンロ、キッチンカウンター、壁など油が飛び散るような場所をしっかり掃除します。床は掃除機をかけ、雑巾で水拭きをします。これさえしておけば、キッチンはいつも清潔です。

ドイツでも働く主婦が増えていますが、残念ながらどこの国も事情は一緒で、家事はまだ女性が仕切るものとされています。週末を掃除で終わらせたくないと思うドイツの女性の多くは、週休3日の仕事を見つけ、1日は家の用事をする日で掃除などにあてています。

7 きれいを維持するために、もの選びも慎重に

10年ほど前に家を建てた友人から、格好いいと思ってあるメーカーのシステムキッチンを入れたけれども、シンクまわりの換気が悪く、いつもカビが生えてしまって大変だと聞いたことがあります。シンクを作業台としても使えるように工夫がしてあり、シンクの半分を覆うステンレスの可動式の棚があって、その下にはスライド式のまな板もついているようです。小さなスペースを有効に使おうというアイデアなのでしょうが、湿気がたまりやすく、まな板や溝に黒カビが生えるそうです。

やはりいつも思っているように、シンプルが一番！　話を聞いて、改めてそう思いました。一度カビがつくとそれを除去するのは骨が折れることです。素材の芯まで深く入り込みますから……。ですから、最初からカビが生えないようなつくりであることが大事なのです。家でも道具でも何でもそうですが、形が複雑だったり、隙間があると、どうしてもそこは掃除がしにくく、汚れがたまります。それが水をよく使うところなら、カビが繁殖しやすくなります。

楽に清潔に維持できれば、それに越したことはないですよね。そのためには、なるべく余計なものがついていない、シンプルなつくりのものを選ぶこと。シンク、コンロ、水切

りカゴ、キッチンの扉も模様があれば溝が増え、それだけ汚れやすくなります。冷蔵庫も引き出しや棚に工夫がしてあればあるほど、掃除も大変になります。全体がよく見渡せて、ものを出し入れしやすく、拭きやすい冷蔵庫がよいと思います。

8 清潔を維持するために、「維持しやすい工夫」をする

キッチンはいつも清潔に維持したいものです。そのためには、清潔に維持しやすくする工夫が大切です。

たとえば、私にとって作業しやすく清潔を保ちやすいのは、何もないすっきりとした空間です。それで、キッチンカウンターにはなるべくものを置きません。私が気をつけたいといつも思っているのが、ほこりをかぶりやすいものをなるべく減らすこと。スパイスラックを壁に飾っているのは素敵ですが、それをこまめに掃除する自信がありません。キッチンは他の部屋と違って、どうしても油が飛びます。こんなに遠くまで、と思うほど油は飛ぶものです。そして油がはねたところの表面はべたべたしてしまい、そこにはほこりがたまりやすくなります。

台所では、頻繁に使うもの以外はなるべく戸棚にしまうようにしています。しまってあ

カウンターにも床にもものを置かないことが、ほこりを寄せつけず、キッチンの清潔を維持する秘訣。

ればほこりをかぶりません。そうすると拭く手間が省けます。キッチンカウンターにものが出ていなければ、拭き掃除もしやすいのです。

そして、キッチンカウンターや壁のタイルに使われる素材は、汚れがあえて目立つものであるほうが望ましいです。汚れが気になるので、こまめに掃除する癖がついていいと私は思っています。

夫の仕事の都合で3カ月だけニューヨークに住む機会がありました。会社から用意してもらったアパートは、家具付きでとても快適な空間。1LDKで、玄関を入るとすぐにダイニングキッチンでした。目立つ場所にあるからだと思いますが、カウンタートップはすべてグラナイト（御影石）。黒と白が混じって光沢があり、モダンで格好よく見えました。でも、使ううちに、このグラナイトの色合いは、見た目はいいけれどキッチンを清潔に保つには向いていないと気づいたのです。黒のまだら模様なので汚れが目立たないのは、利点といえば利点なのかもしれませんが、だからこそ掃除がしにくいと思いました。白っぽいカウンタートップなら、汚れが目立ち、すぐに気がついて拭けます。でもこのグラナイトのカウンターは、身体をかがめ、斜めから見て初めて汚れがわかるのです。見た目の印象と実際の使い勝手は別ものと教えられた、とても参考になる経験でした。

キッチンカウンターは、見た目は冷たく業務的に見えるかもしれませんが、天然素材や人工素材より、ステンレスのほうが清潔を維持しやすいです。これは好みも関係するから最善の選択とはいいませんが、五徳のあるガスレンジよりは、電気製品のフラットトップのほうが掃除しやすいでしょう。

9 流しは日本風の広いステンレス製が使いやすい

ニューヨークのキッチンで、グラナイトのカウンターの間に組み込まれていた流しは、陶器でできた、四角い深めのものでした。陶器の流しには以前からあこがれがあり、日本で見るステンレスの流しよりしっかりしていて、ずっと高級感があるように見えました。しかし実際に使ってみると、また違った難点に気づきました。水の流れをよくするためなのか、流しの底面が斜めになっていて、グラスを置くととても不安定だったのです。陶器はステンレスより硬いですから、3カ月の間に何個、グラスを割ったことでしょう！

流しといえば、ドイツのキッチンの流しはとにかく小さいです。幅が30～40㎝くらいしかなく、大きめの鍋を入れて洗うのは困難なほどです。キッチンに食洗機がついているのが当たり前だからかもしれませんが、やはり流しが狭いとものがお互いにぶつかって割れやすくなります。水まわりは日本のように余裕のあるほうが絶対に使いやすいと思います。

また、ドイツの流しは2つに分かれている場合も多く、大きめの洗い桶が2つある感じです。つけ置き洗いをするドイツ人の習慣からくるのかもしれませんが、これも日本のように大きな流しをひとつというほうがいいです。洗い桶が必要ならそれを流しに入れて使い、大きく流しを使いたい場合は洗い桶を出す、というほうが使いやすいように感じます。

10 ゴミ箱について

台所は食べ物を扱う場所です。そこではゴミが出る上、水も使いますから、清潔に維持しなければ健康へのリスクもある場所です。

現在のシステムキッチンの原型は、1920年代のドイツで生まれたものです。そこにはキッチンをできるだけ楽に清潔に保つための工夫がいくつもありました。料理をするときに出るゴミを、直接ゴミ箱に落とせるよう作業台に穴を作ったのもそのひとつです。

ドイツのシステムキッチンのほとんどは、ゴミ箱が戸棚の中に組み込まれています。40年も前にキッチンを作ったドイツの祖父の家では、組み込みではないものの、ゴミ箱は流しの下の戸棚の中に入れています。台所の床は、清潔を維持しやすいように、何も置かないようにするのがドイツ流です。

カウンターと同じ色と高さ、冷蔵庫との隙間に収まる幅、手前に引き出せる2段式、掃除しやすいメタル製という条件で、インターネットで探した理想のゴミ箱。

調理中は新聞紙を敷いたバットを調理台に置き、野菜の皮などの生ゴミはここへ。たまったらその都度新聞紙で包み、ゴミ箱に捨てるので衛生的。

日本にもシステムキッチンはありますが、私がいつも気になるのはゴミ箱がシステムキッチンに内蔵されていないという点です。日本の夏は暑く、ゴミが腐敗しやすくて臭いものという認識からゴミ箱はいつも外づけなのでしょうか。目立ってしまい、気をつけないと不潔に見えてしまいます。

ゴミですから、置いておくとどんどん腐敗してにおいも出ます。だからこそ、そうならないように気をつけます。生ゴミは水気をしっかり切る。水気がたまらないように新聞紙に包み、こまめに捨てる。また、コンポストを使うなど、できることは工夫をしましょう。ちなみに私は流しに三角コーナーを置いていません。調理中は新聞紙を敷いたバットを調理台に置き、野菜の皮や切りくずはその上に。生ゴミに余計な水気を含ませずにすみ、終わったらそのまま包んでゴミ箱に捨てます。

今の東京の家でも、台所にゴミ箱は組み込まれていませんが、システムキッチンと冷蔵庫の間にゴミ箱を置くスペースがあるので、なるべく目立たない、全体の景色にとけ込む色合いのゴミ箱を選んで使っています。キッチンカウンターと同じ高さで、色は白。システムキッチンに組み込まれているように見えます。

ゴミ箱は大きすぎないこともポイント。大きいとどんどん捨ててしまって中身がたまりますが、ゴミ箱が小さければ、こまめにきれいにするしかないので、衛生的だと思います。

11 キッチンは一日1回リセットする

生活のあらゆる場面を一日1回リセットする余裕があれば、心は楽になると常々思っています。キッチンもそう。気をつけないとものがどんどん増える場所ですから。買ってきた調味料類がそのまま置いてあったり、洗った食器がしまわれていなかったり……。作った料理の残り物が鍋に入ったままコンロに置いてあったりします。

そういうことが積み重なると、作業台はいっぱいになり、どこに何があるのかだんだんわからなくなってきます。下のほうや奥のほうにあるものには、手が届かなくなり、ということは、それらは使わないものとなり、結果、あってもなくても一緒です。

ですから常にそうならないように努力します。私のやり方は、朝に一日1回のリセットをすること。まずは、ものを片づけます。朝食後の洗いものをすべてすませます。私は、ガラスのもの以外は拭かないことにしているので、前日に使ったもので水切りカゴに入れて乾燥させた食器や道具類もすべて収納します。たとえば、炊飯器。夜にご飯を炊くことが多いので、夕方にスイッチを入れ、ご飯が炊き上がったらそのままスイッチを切ります。夕食時に食べる分は食べ、残ったご飯はラップで包み、冷凍します。そして炊飯釜は夜の後片づけのときに洗って、そのまま乾くようにカウンターに出しています。そして、翌朝

到来ものは箱に入れたままにせず、すぐカゴや鉢に盛ると、今、家に何があるか把握しやすい。夫の郷里の鹿児島から届く果物は、美しいので、よくリビングに飾る。

には炊飯器を一度戸棚にしまいます。キッチンカウンターにものがない状態になったら、端から端まで拭き掃除をします。汚れた台布巾は替えるか洗ってしっかり乾くように干し、キッチンのリセットを終了します。

私の場合は一日に1回、朝にリセットしますが、もちろん夜でもいいのです。心を楽に保つためのリセットですから、無理なのに毎朝やろうとすることはありません。一週間に曜日を決めて2回でも、平日は忙しくてどうしても無理なら一週間に1回のリセットでもいいと思います。

12 キッチンにあるものは、常にチェック

キッチンはものが増えていく場所です。なので、キッチンのカウンターに出ているものを片づけ、収納するときに、その収納場所にたまっているものをついでに見てチェックする習慣をつけましょう。ないと思って不安になり、つい買ってしまう必需品って意外に多いもの。大好きな柿の種はまだあるな、ひまわりの種もある。バナナもまだ十分。緑茶もあと1パックある、など。そうやって常にチェックして在庫管理をしていれば、賞味期限切れで捨てるものも減り、無駄なお買い物も減るので、時間とお金の節約になります。

また、いただきものはすべて箱から出します。フルーツならカゴに盛ったり、お菓子ならお菓子をしまうカゴに入れます。そして、自分たちでは食べ切れないと思うものがあれば、すぐに人に回します。近所の方へのおすそ分けでもいいですし、出かけるなら手土産に持っていきます。おいしい果物だから独り占めしたい！　と思う気持ちはもちろんありますが、本当に食べ切れるのか、結局は無駄になってしまわないか、しっかり考えます。捨てるよりは誰かに喜ばれるほうがずっといい。古くなってから人に差し上げるのは失礼です。いただいたときにすぐ決断するほうがいいのです。そして、人に差し上げるものは、小分けにして紙袋に入れて、出かけるときに忘れないように玄関のドアに掛けておきます。

13
台所の毎日掃除、週イチ掃除

毎日使うものだから、キッチンは毎日掃除します。料理をして食事をすませたら、洗いものをして、食器や調理器具などを戸棚にしまいます（夜の場合は翌朝にします）。流しを食器洗いのスポンジと洗剤でこすり、水を流し、立ち上がりの部分は布巾で拭きます。気になるときは重曹を使うこともあります。また、料理をしながらコンロの油はねを拭き、キッチンカウンターの上も台布巾で拭くようにしています。床は、人が出入りしてほこり

上右／重曹は調味料入れに。上左／ステンレス部分は水拭きの跡が残らないようにから拭き。下右／蛇口の取っ手もから拭き。下左／吸水性の高い綿や麻のクロスで。

が目立つようなら雑巾で拭くこともありますが、普段は毎日拭きません。

その代わり、週に1度は家全体と一緒にキッチンもしっかりと掃除をする習慣にしています。そのときは、いつものように洗いものをすませ、すべてのものを戸棚にしまいます。普段は出しっぱなしのコンロ脇のヘラ類を立てたカップもどかします。それから、クリームクレンザーをコンロとキッチンカウンター全体に絞り出して、スポンジで汚れを落とし、水拭きを繰り返して汚れと洗剤を落とします。ついでに、コンロまわりの壁面、流しと排水口を洗い、水切りカゴも洗います。においが気になる場合は、換気扇も同時に洗います。これは、2〜4週間に1度くらいですが……。流しの排水口は、2〜3日に1回水切りネットを替えるとき、ぬめりや汚れが気になればタワシで洗うこともあります。最後にコンロのステンレスの部分、流しの蛇口や取っ手は水拭きした跡がつきやすいので、コットンか麻の食器拭き用のクロスを使ってきれいに水気を取ります。

そのあとに、キッチンカウンターに平行に置いてある木製の細長いカウンターテーブルの上段、下段をしっかり水気を絞った布巾で拭きます。気になったときは、月に1度くらいは戸棚の取っ手部分、冷蔵庫の扉や引き出しも汚れやすいので拭きます。ついでに冷蔵庫の中の棚もしっかり絞った布巾で拭きます。ここは、どうしてもものがこぼれたりするので、週イチといわず、気がついたときに拭きましょう。ものの5〜10分で終わる作業です。冷蔵庫の中を拭くついでに在庫チェックもできるのでおすすめです。

そのほか、普段からきれいにしていても、カウンタートップやまな板の汚れがどうしても気になるときだけ、漂白剤を使います。オーブンや電子レンジは使って汚れたらその都度きれいにします。汚れは熱いうちに取るのがコツです。

そして、電子レンジの上、壁面にかけてある写真の上、時計の上など、キッチンは意外に油がはねて、こういうところにも油がつき、ほこりがたまりやすくなっています。それでこまめに拭くことにしています。キッチン全体を拭き終わったら、最後は床に掃除機をかけて床全体を絞った雑巾で拭きます。膝が痛くなりますが、我が家のフローリング部分はとても小さいので雑巾がけで十分です。

第3章　キッチンは使いやすい動線や収納を

合理的なドイツのシステムキッチンに学ぶ

その昔のドイツ人の暮らしといえば、キッチンが生活の中心でした。台所は、家の中で唯一、火の元のある場所です。料理を作るのも、食べるのもここであり、寒い冬の間、家族が暖をとるのもこの部屋でした。台所は、今の住まいでいえば、キッチン、ダイニング、リビングの役目を果たす、家の中心でした。

しかし、昔の火はクリーンなものではなく、薪を使ったり、その後は炭でおこしていたので、部屋中にいつも煙が立ちこめていました。そのため、余裕のある暮らしをしていた人たちは、次第にキッチンとリビングを分けるようになり、キッチンはなるべくお客様をお迎えする部屋から離すようになったともいわれます。

１９２０年代、フランクフルトに建設する公営住宅の台所設計を頼まれ、オーストリア人建築家、マルガレーテ・シュッテ・リホツキーが初めてのシステムキッチンを生み出しました。「フランクフルトキッチン」と名づけられたこのキッチンは、台所仕事も立派な仕事であるという考えのもと、台所での労働を研究し、できるだけ合理的に設計されたのです。まずは、何がどこにあるか、誰にでもわかるようにするため、基本的な調味料はラベルが貼られ、食材を収納する作りつけの収納庫を作りました。また、なるべく効率よく作業が進むように、全体の設計も考えられました。上にほこりがたまらないように棚を天井まで伸ばしたり、掃除に手がかからない工夫もされています。

フランクフルトキッチンは、実際には使いにくい部分も多々あったようですが、台所に何を求めるのかを考えるきっかけになったのは間違いありません。日本でも一般的な、今のシステムキッチンの考え方の元になっているのです。

14 ドイツのキッチン

フランクフルトキッチンの登場によって、キッチンは独立した仕事部屋となりました。キッチンとドアを隔ててダイニングがあり、リビングも別、という設計です。そのためか、ドイツではキッチンを、Wohnküche（暮らす――リビングキッチン）、Essküche（食べる――イートインスペースのあるキッチンやダイニングキッチン）、Arbeitsküche（仕事する――作業をする独立型のキッチン）と3種類に分類しています。

1970年頃から、ドイツでは昔ながらのイートインキッチン、リビングとしてのキッチンが再び見直されるようになりました。ダイニングルームを別の部屋にしたり、リビングとダイニングを一緒にしていても、ドイツのキッチンには小さなテーブルやちょっとしたカウンターがついていて、朝食や軽食をとるのにとても便利です。

イートインキッチンの難点は、台所の真ん中で食べているわけですから、来客を迎えたときに、裏方の作業場の中で食べているようなものだということ。よほど要領よく、片づけをしながら料理をしなければ、見せたくない空間が目の前です。それがいやなら、独立型のキッチンという選択肢もあります。

ドイツに両親が暮らしていたときは、独立型キッチンでした。U字形で窓もあり、とても使い勝手がよかったことを覚えています。真っ白だったため、汚れは目立つけれども、だからこそ気になってすぐに拭くこともでき、清潔感のある台所でした。

使い勝手がよかったのはキッチンの形にあったのだと思います。U字形なので両サイドに作業スペースがあり、片方にはコンロと流しがあり、振り向けば作業スペースと冷蔵庫がありました。戸棚もたくさんあり、効率よく作業できるキッチンでした。

ダイニングルームから独立しているので、いくら汚していても来客があったときはドアを閉めれば様子がわかりません。それが便利な反面、難点は同じく離れていることで、みんながワイワイおしゃべりをしていると、自分だけキッチンに取り残された使用人のよう。孤立感があってちょっと寂しい感じでした。

ドイツの祖父の家の台所も独立型です。収納を重視し、片面に冷蔵庫、流し、作業台、食洗機、オーブンとコンロがあり、反対側は上から下までが収納になっています。食器類から掃除道具、アイロン台まで、家事に必要なものがすべてキッチンにしまえるようになっていますが、私には作業スペースが足りないと感じました。また、もうひとつの難点は暗いこと。作業台の上に戸棚がありますが、その下には電気がついておらず、天井のライトが唯一の明かりです。作業していると光は背中に当たるので手元が見えづらく、手元の明かりの大切さをこのキッチンで教えられました。

15 食洗機はドイツのキッチンの必需品

両親が暮らしていたドイツの家のキッチンには、ドイツでは当たり前ですが、食洗機がありました。何でもそこに入れられ、食器はいつもキュキュッと清潔に保たれ、あこがれになりました。日本では大家族なら食洗機、と思っている方が多いようですが、ドイツではけっしてそうではなく、食洗機は台所仕事を軽減してくれる、洗濯機のような存在です。今時、手洗いは水を食洗機以上に使う上、効率が悪くて時間の無駄、とドイツ人は考えていると思います。

ドイツに暮らす私の祖父も、10年以上一人暮らしをしていますが、食洗機は必需品。日本人からすると、こんなに大きな食洗機なんていらないでしょう！　と思うような気もしますが、毎日使うのではなく、朝、昼、晩と食器を食洗機にため込み、いっぱいになったら2日に1度くらい、一気に洗いものをしています。庫内が広いので、鍋やフライパンも入れられ、高温で洗うので換気扇の外れる部分なども入れるとぴっかぴか。気持ちよく洗い上がります。

日本はご飯茶碗や漆塗りのお椀、おかずを入れるいろいろな形の食器があるので食洗機が使いにくい、という話も聞きますが、それは理解できます。以前はドイツでも、食洗機が使える食器はたくさんはありませんでしたが、食洗機が普及し、ニーズが高まったので、今ではほとんどの食器やグラスはDishwater Safeと書いてあります。東京のマンションには食洗機は入れていませんが、鹿児島の家にはぜひと思って入れました。とにかく便利です。食後の大変な片づけをしなくてよいと思えば、料理をするのも気が楽になりますよ！

ただ、食洗機をせっかく置くなら、場所を考えることも大事。高校時代、家族と神戸に住んでいたときも、借りていた家に食洗機があったのですが、台所の真ん中に置いてありました。西欧の食洗機は大きな扉を開いて引き出しを引っ張り出し、食器を入れる構造になっていますが、狭いキッチンでは、後片づけのときに、台所の真ん中にある食洗機を開くと、キッチンの中を動けなくなるのです。この場所は間違っている、食洗機は開けっ放しでも邪魔にならない、台所の一番奥に入れるのが正しいと、母が後片づけのときに毎日のように言っていたのを思い出します。

鹿児島のキッチンを作るとき、母の言葉が頭の中にあったものの、残念ながらいろいろな都合で一番奥に食洗機を置くことはできませんでした。でも母の言葉のおかげで、キッチンは見た目だけでなく、動線をしっかりと考えて作ることが大事だと教えてもらいました。作業の多い台所では、作業が効率よくできるかどうかが大切なポイントとなります。

16 ものには帰る家がある——台所用品はなるべくしまう

使いやすいキッチンの大原則は、広い作業スペースがあること。ですから我が家のキッチンは、常に使っているものしか表に出ていません。カウンターの上には水切りカゴと電気ポット。コンロの脇にいつも使うヘラや菜箸類をカップに立てておくだけです。

流しの反対側には細長いテーブルを置き、作業台にしています。ここは本来、食器棚を置く場所なのでしょう。でも私が台所で必要なのは、食器棚より作業台。テーブルを置くことができたので、ここに我が家で初めての電子レンジを導入しました。下には、戸棚に収納しにくい大きめのものを置いています。クリスマスのシュトーレンの生地をこねるときに必要なブレンダー、米びつ、お菓子を入れるカゴ、お盆やトレイ。そして常温保存のできる野菜とフルーツ。フルーツ類は、大皿や大きなカゴに入れて飾っておきます。

炊飯器、小さなブレンダー、フードプロセッサー、ジューサー、鍋類などのキッチン道具は、毎日使うものもありますが、あえて使い終わったら洗って乾かし、戸棚にしまう習慣をつけています。面倒といえば面倒ですが、そんなことをいっていると台所はあっという間にものであふれかえってしまいます。「ものには帰る家がある」と祖父が言うように、Ordnung und Disziplin!《整理整頓と規則正しいこと！》 自分に厳しく、整ったキッチンを維持する努力をします。

上／作業台の引き出しにはラップ類、布巾、ゴミ用のレジ袋などを収納。下右／トレイ類は重ねずに立てると取り出しやすい。下左／棚の整理には収納ボックスを活用。

17 収納場所は使う頻度によって決める

出したらしまう、をおっくうにしないためには、使う頻度を考えることが収納の大原則です。頻繁に使うものは、出し入れしやすい場所に入れます。調理道具なら、コーヒーメーカーのように大勢のお客様があるときだけ出す道具は奥に、その手前には1日おきくらいに使うジューサーなどをしまっています。食品の収納も考え方は一緒です。私は普段よく使う調味料や粉類は、コンロに近い吊り棚に入れています。なかでも特によく使う塩、こしょう、しょうゆなどは、一番手が届きやすい場所に小さな回転台を置き、そこにのせています。その他のスパイス類はコンロ横の引き出しに。もっと使用頻度の低いお菓子の材料や乾物類は、吊り棚の上のほうに。普段どんな食材や調味料をよく使うかは人それぞれでしょう。自分にとって出しやすくしまいやすい場所を考えればいいのです。

収納では見やすくわかりやすくするのも大事なこと。私は半透明の小さな収納ボックスやカゴを愛用しています。白いマスキングテープにマジックペンで中身を書いて貼っています。自分がわかればいいのですから、細かく分けたり書いたりすることはありません。たとえば私の場合、「JAPANESE」と書いたテープを貼ったカゴには、きな粉やくず粉が入っています。持っている種類も使用頻度も少ないので、私にはそれで十分なのです。

吊り棚は背の低いものも収納しやすいように仕切り板を増設。回転台は母のアイデア。

手付きのカゴなら吊り棚の上のほうからでも取り出しやすい。マスキングテープは簡単にはがせて便利。

18
器は食器棚に入る分しか持たない

我が家では、使う頻度と目的によって器の収納場所を分けています。仕事柄、食器の数はたしかに多いですが、家族の日常の食器は種類も数も絞り込んでいます。和食器は、基本的に大中小の入れ子になった木の浅い盛り鉢のほか、ご飯茶碗と汁椀、取り皿の丸皿と角皿が、それぞれ私と夫が使う2つずつ。朝晩使う白い洋皿も、ディナー皿、パン皿、スープ皿の各2枚だけです。ですから、流しの上の吊り棚にすべて収まってしまいます。出しやすくしまいやすく、毎日の食器の収納には最適です。

模様や形もさまざまな和食器を、料理に合わせて使いこなせたら楽しいことでしょう。でも洋食と和食が半々の我が家では、これで十分。ものは何でも出しにくいと使わなくなりがちですが、器はとりわけそうです。だからこそ使いたい器は見渡せて取り出しやすい場所にしまいたいもの。そして、使う器を絞り、収納場所を決めたら、そこに入るだけしか数を増やさないようにしています。

お客様用や料理教室用の器は、廊下にある、本来はリネンやタオル用の棚に収納しています。カップ&ソーサーやグラス類、お客様用のカトラリーは、リビングに置いた骨董の帳場ダンスを工夫して収めています。

以前の住まいでは、この帳場ダンスがキッチンとリビングの間にあり、日常使いのカトラリーもここにしまっていました。でも、今タンスを置いているのはダイニングの奥。ほんのちょっとの動線の違いなのに、しまうのが面倒に感じられたので、日常使いのカトラリーはキッチンの作業台の引き出しに入れることにしました。使いにくいと思ったら、動線を考え直し、使いやすくする工夫も大事です。

19 たとえば鍋釜はこれだけで事足りる

なるべく広い作業の場を確保したいというのがキッチンにおける私の信条なので、台所用品は厳選しています。便利な道具はいくらでもあります。魚焼き器、中華鍋、蒸し器、土鍋、ホットプレートなど……。これらの道具を私はそんなに頻繁に使いません。年に1度か2度のことであれば、鍋やフライパンで代用できるものばかり。自分が本当によく使うものなのか？　どうしても必要と思うのか？　もし、キッチンの一番奥にしまってあったとしても、なおかつ出して使うかどうか？　などを自問自答して、私は買う道具、買わない道具を決めるようにしています。

夫と3～4カ月ベルリンで暮らしたときに借りた家具付きのアパートには、台所道具も

使用頻度の高い2つの片手鍋と大小の両手鍋。片手鍋は柄が長く、両手鍋とふたの取っ手もつかみやすい。

061・**060**

備えつけてありました。キッチンを使い始めて最初にしたことは、自分にとって不要な道具を手の届かない見えない場所にしまうこと。使わない道具が、普段使う道具の収納や出し入れの邪魔になっては意味がありません。今も、使うつもりで買ったけれど、やはり自分の料理には必要ないとわかった道具は、必要としている人を探して譲ることにしています。

ものが減った分、収納スペースが増え、ものの出し入れは楽になります。持っていない道具で作らなくてはならない料理は、逆に言えばあきらめるいい口実です。うちでは、中華料理や焼き肉は作らないと決めているので、必要な鍋釜類はいたってシンプルです。鍋は基本4つ、フライパンは2つあれば事足ります。

鍋はすべてフィスラー社のステンレス多層鍋で、もう15年くらい愛用しています。ステンレスの多層構造の鍋の使いやすさは、料理を学んだル・コルドン・ブルーで教わりました。熱伝導がよく、丈夫で手入れも楽です。和食の味噌汁も煮物も、この鍋で作ります。家族二人のうちでよく使う鍋は、径18㎝、深さ8㎝の片手鍋2つ、径18㎝、深さ11㎝の両手鍋1つ、径22㎝、深さ9.5㎝の両手鍋1つの4つです。ほかに径22㎝で深さ14㎝の鍋と径26㎝で深さ15㎝の鍋もありますが、毎日は使わず、大きいほうはだしをとるときに使っています。ステンレスのふたと中身が見えるガラスのふたは、径が同じ鍋に共有して使います。あとは、フライパンが2つ。径21㎝と径27㎝。小さいほうは少なめの食材を炒めたり、副菜作りに、大きいほうはメイン用に肉を焼くときなどに使います。

ご飯は炊飯器で炊くので、これで私の日常使いの鍋釜は十分。お料理教室やお客様を招いたとき用に、ル・クルーゼのホーローの大きめの鍋も持っていますが、普段はほとんど使いません。ですから収納場所は多少出し入れしにくい場所でもよく、冷蔵庫の上や、廊下の棚にしまっています。

20 その他の調理器具類

料理に不可欠な調理器具といえば包丁。包丁はステンレス派です。手軽だし、簡単にきれいを維持できるからです。和包丁も持っていましたが、いつの間にか錆がついてしまい、やっぱり私にはお手入れができないとわかって以来使っていません。ヘンケルスの洋包丁とWMFのフィレナイフ、レズレー（RÖSLE）の洋包丁とペティナイフがうちの基本です。フィレナイフは魚の身を骨から離すときに使います。大きく切り分けるときは洋包丁を使いますが、フィレナイフは薄刃なので細かい仕事に向いています。

包丁は軽すぎず、適度な重みのあるものが好みです。あとは、大小のパン切りナイフ、チーズナイフ、面取りナイフ、皮むき器、わさびおろし、すり鉢&すりこぎ、お菓子用のスクレーパー。泡立て器は泡立てやすい平たいタイプを愛用しています。必需品はそんなところです。

便利な調理器具としては、ハンドブレンダー。ロンドンで一人暮らしをしていた頃、料理する時間はそれほどありませんでしたが、夜はなるべく身体によい食事をとりたいと思って、野菜スープを作り、パンとチーズと食べることがよくありました。寒い冬、ポタージュのようなスープも食べたいと思って買ったのがハンドブレンダー。鍋にそのまま入れて撹拌できることに驚きました。商品はそれからかなり進化して、新しいものに買い替えたりしていますが、ずっと愛用しているキッチン家電のひとつです。

あとはお菓子を作るので、パレットナイフ、めん棒、ケーキをのせて熱を冷ます網、そしてお菓子の型、スケールなどが私には必要です。このほかには、日常用の箸、菜箸。カトラリーはゾーリンゲンのディナー用ナイフ、フォーク、スプーン、小さめのフォークとスプーンです。これらは6人分を持っています。

まな板は、何種類か持っていますが、主に大小2枚を使い分けています。ほとんどのものはちょっと大きめの白いプラスチック製のまな板で切ります。真っ白だと汚れが目立つので消毒しやすく、またプラスチックはすぐ乾くので使いやすいと思います。小さめのま

普段使い用のシンプルなゾーリンゲン製カトラリーセット。ロンドンで暮らしていたときに買いそろえた。

な板は20㎝四方くらいのグリーンのもの。こちらは、お菓子用のいちごなどのフルーツ類用でにおいがついたら困るものを切ります。肉、魚、玉ねぎ、にんにくのようなにおいが強いものはこれでは切りません。あとは、木製のまな板を何枚か持っています。これは、料理用というより、乾いたものを切るために使います。パンを切ったり、ハムやチーズをのせてお皿代わりに使います。

21 鹿児島のキッチンの間取り

これまで数多くの家に住んできましたが、鹿児島の家は、初めての自分たちの家づくり。仕事柄、キッチンはこだわったでしょう！　と言われます。もちろんできる限り使い勝手を考えて作ったキッチンですが、意外とどうにもできない、空間的制約が多いのも事実。でも制約があるからこそ、逆に、もうここにしか置けない、となればあきらめることもできます。制約は作業を楽にしてくれると私は思っています。すべてが自由で思い通りになると言われたら、迷ってしまって大変なことになります！

鹿児島の家は一軒家なので、マンションに比べれば自由度が高いわけですが、一番迷ったのはキッチンとダイニングを分けるかどうかでした。希望としては、独立型のキッチンのように台所作業をしているときに孤立しないこと。ですからダイニングとキッチンは隣り合わせにし、間に開閉できる扉を入れることを最初は考えました。来客のときは裏方が見えないように扉を閉め、ダイニングルームを独立させようと思ったのです。

でも図面を引いてみると、せっかく広い一軒家のスペースなのに、区切ってしまうと狭く感じる気がしました。また、来客といっても、家に呼ぶのは基本的に友人だけ。食洗機もあるし、台所を隠す必要もないし、それこそ作業をしながら、来てくれた人とおしゃべりができたほうがいい、と発想を変え、この二部屋は仕切りを作らないことに。リビングだけは、本当に裏方を見せたくない場合のことを考えて、扉で開け閉めできるようにしました。

ダイニングとキッチンはほぼ一部屋という構造になりましたが、二つの部屋の間に幅10cmほどの枠だけは作りました。オープンに見える二部屋ではありますが、なんとなく視覚的には別の部屋。作業する部屋とゆっくりとくつろぐ空間を、分けたほうがいいように感じたからです。そのため、壁のペンキの色もキッチンは清潔感を意識してベージュに。ダイニングはリラックスをテーマにグリーンのトーンにしました。

22 あこがれのアイランドキッチンとパントリー

初めてアイランドキッチンを見たのは、アメリカ南部の友人の実家でのことでした。広い台所には真ん中に大きな作業台があって、驚いたことを覚えています。田舎の大きな一軒家だからできるスペース使いと思いつつ、あこがれとなりました。

都会では贅沢に思えるアイランドキッチンですが、ダイニングテーブルを簡易アイランドにするという手もあります。高校時代に暮らした実家は、キッチン、ダイニング、リビングのスペースがひと部屋でしたが、一番奥の壁に向かって台所があり、振り向けばすぐにダイニングテーブルがありました。台所にものが置けなかったり、誰かに作業を手伝ってもらったりするときにはとても便利なつくりでした。

自宅で料理教室をするようになると、みんなで作業する場面が多く、作業しながらおしゃべりしたり、手元を見てもらったりするには、壁に向かった作業台より、作業台を囲めるアイランドキッチンが魅力的だと感じました。でももちろん、都会のキッチンでは贅沢すぎるあこがれです。

鹿児島のキッチンでは、このあこがれのアイランドを実現することができました。私は水まわりは使い勝手と掃除のしやすさが一番だと思っているので、キッチンカウンターは丈夫できれいに維持しやすいステンレスにしました。でもオープンキッチンのアイランドは、ダイニングルームに向かったスペース。作業場とリラックス空間が溶け合う場所です。ここがステンレスでは味気なく、レストランの厨房のようになってしまいますので、温かみがあり、作業もしやすい石を天板に使うことにしました。お菓子作りにも便利ですから。

最初はできるだけ国内産の材料にこだわりたいと思っていましたが、国産の石は黒と白のまだら模様のグラナイトがほとんど。色が重たく冷たく感じるのもそうですが、ニューヨークのキッチンで経験したように、汚れが目立たず掃除がしにくいので、もっとソフトな色合いの石を探しました。行き着いたのが、ドイツの黄色っぽい大理石。人造大理石は丈夫で色も選べ、好きな大きさに加工できます。それに対して自然素材は模様が選べず、酸に弱く、傷もつきやすいものです。でも、私はパーフェクトじゃない自然の模様、ゆがみ、時間とともに蓄積される使用感のほうが断然好きな上、人造大理石よりお値段も安かったので、迷わず天然大理石を選びました。

最初はアイランドで簡単な食事もできるように工夫して、ドイツのイートインキッチン風にすることも考えましたが、目の前にダイニングがあるのですから、それはやめることに。作業台の下は全部収納にしました。ダイニング側は中が見えない扉のある収納。壁に向いている反対側の収納はオープンにしました。オープンのほうが出し入れがしやすく、とっさのときに何かを隠すにも便利と考えたからです。

アイランドはお菓子作りの作業スペースですから、コンセントも引きました。そして忘れてはならないのが、足が入るスペース。以前、一番下まで壁面がすとんとまっすぐなアイランドで、とても使いづらい経験をしました。足が入るところがないと立ちにくく、足を横向きにしないと作業台に近づけず、足をまっすぐにするなら台からは離れなければなりません。作業がしづらいだけでなく、腰に大きく負担がかかってしまうのです。

鹿児島のキッチンで、もうひとつ希望をかなえられたのがパントリー（収納庫）です。冷蔵保存以外の食材や調味料のストックルームで、いわば食料品のウォークインクロゼット。欧米ではマンションでもあらかじめ設けてあるのが一般的です。収納場所をいちいち考えずにすみ、あるものがひと目で見渡せてとても便利。狭い空間でも工夫して、食料品専用の収納スペースを設けられたら理想的ですね。

鹿児島のキッチンを本当に使いこなすためには、長期滞在したいと思っていますが、それはまだできていません。１カ月くらい使い続けると、使い勝手がのみ込めてきて、新たな動線や収納の工夫のしどころが見つかるのだと思います。

第4章　毎日の献立のくり回しのこと

うちのごはんは、毎日のくり回し

先日、スーパーマーケットに行ったときのこと。肉売り場の近くで、5歳くらいの子供に向かって、お母さんがイライラしながら「何にするの？　トンカツ？　ハンバーグ？　どっち!?」と問いつめていました。お母さん、疲れているんだろうな〜と思いました。お母さんが決められないのか、それとも子供が食べたいと言うものを作らないと食べないから困っているのか、どこに問題があるのかわかりません。でもメニューを決められないのであれば、一番決めるのが大変な場所はスーパーマーケットじゃない？　と私は思います。あまりにもたくさんの食品とチョイスに囲まれると、私は目移りして悩んでしまいます。急にどれも魅力的に見えて、セールのものを見つけると、これを使ったメニューにしようかと考えて、もともと考えていた献立とのバランスが悪くなってまた悩んだり……。

いつも思うのですが、どうしようって考えることが日々の暮らしの中で一番疲れること。

それなので、この「どうしよう〜」という場面を一日の中でなるべく減らすことが、心の安定への道ではないかと思います。自分では決められないことも世の中にはたくさんあるので、それは仕方がないとして、自分で解決できる「どうしよう」はなるべく減らす努力をしています。

スーパーで「どうしよう」と迷わないためには、献立は前もって考えておき、買うもののリストを持って、買い物に行くことです。そして食材を買っても、野菜などはその日の料理で使い切るものではありません。余った食材や、作った料理の残り物を、展開させたり組み合わせたり、何か買い足したりしながら、栄養バランスも考慮しつつ、どうやって翌日、翌々日の献立を決めて、無駄なく使い切っていくか。家でのごはん作りは、この毎日のくり回しの連続です。それをうまく回していくには、常に冷蔵庫や冷凍庫の中身、食品ストックの在庫をチェックし、何があるのか把握していることが大切です。つまり献立のスムーズなくり回しを考えて毎日の食事作りをすることは、食材や調味料を適切に管理することでもあります。そしてそれこそが台所仕事の要なのです。

23 家事術は手帳術！

料理で一番大変なのは献立を考えること。特に私の場合、和食を作り慣れていない頃は、主菜は決められても、それにどんな副菜を組み合わせたらいいのかわからず、頭を悩ませました。今でも本当に時間がなくて困った！　というときに、パッと作れる自信があるのは、きのことハムのクリームパスタや作り置きのトマトソースを使ったパスタ、ドイツ風ワンプレートディッシュなどの洋食のメニューです。

直前になって悩んだり迷ったりして時間を無駄にしないように、忙しいときほど献立を前もって考えておきます。特に、とても忙しいときは、１週間分の献立表をメモ書きにします。きれいなメモである必要はありません。自分がわかればいいのですから。チャートのようなものを作り、日付と曜日を上に書いて、朝、昼、晩という項目を作ります。そして思いついた料理を書き込んでいきます。

これがあれば、それぞれの食事の量やバランスもとりやすいですし、買い物もしやすいと思います。もちろんこの表も固定したものと考えず、ある日、献立通りのものを作っていたのに作りすぎたりしたら、それを矢印で違う日に移動させたり、減らしたり、臨機応変にいじりながらバランスをとっていきます。でも、とにかく紙にメモしておくと安心で

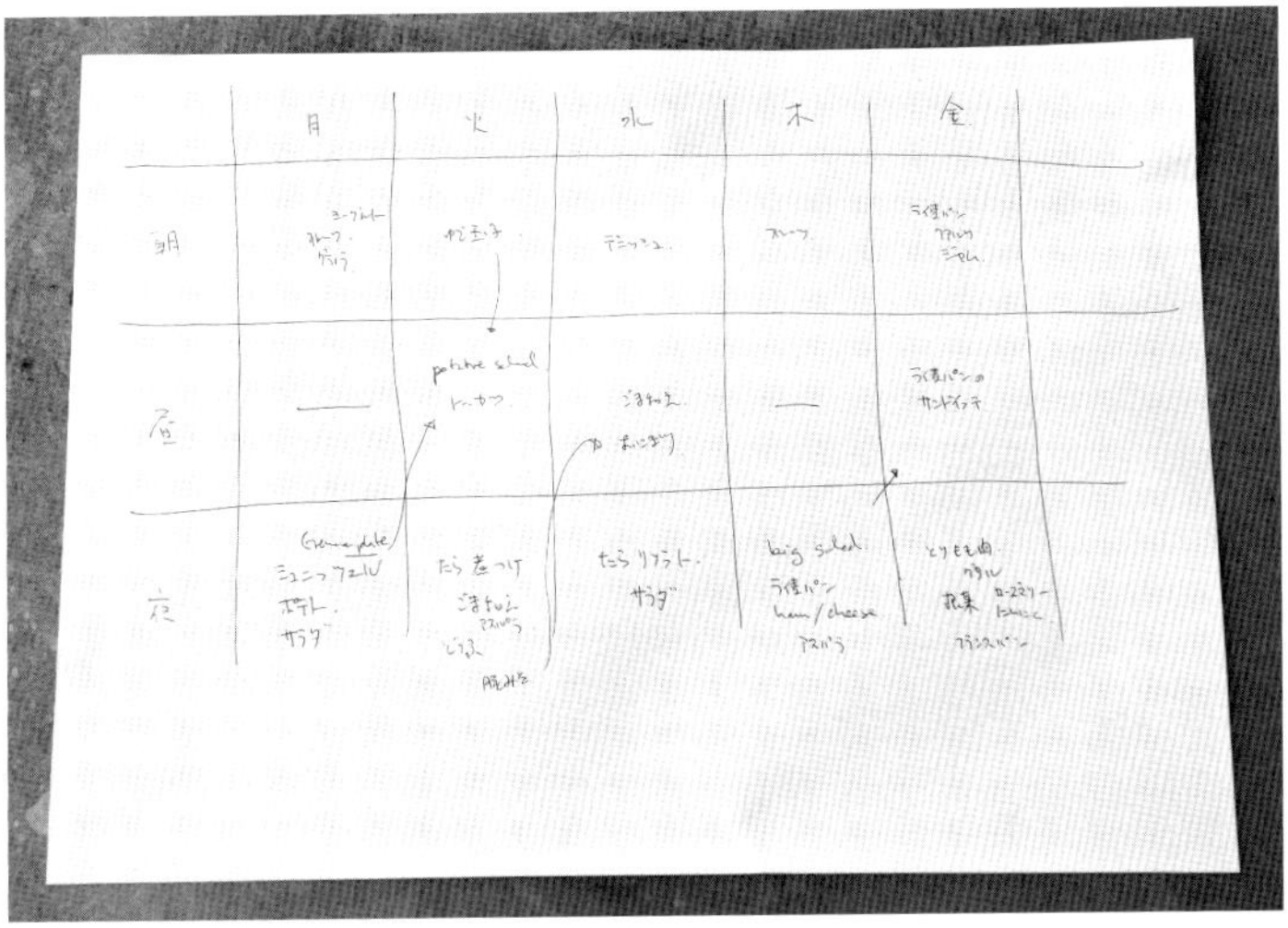

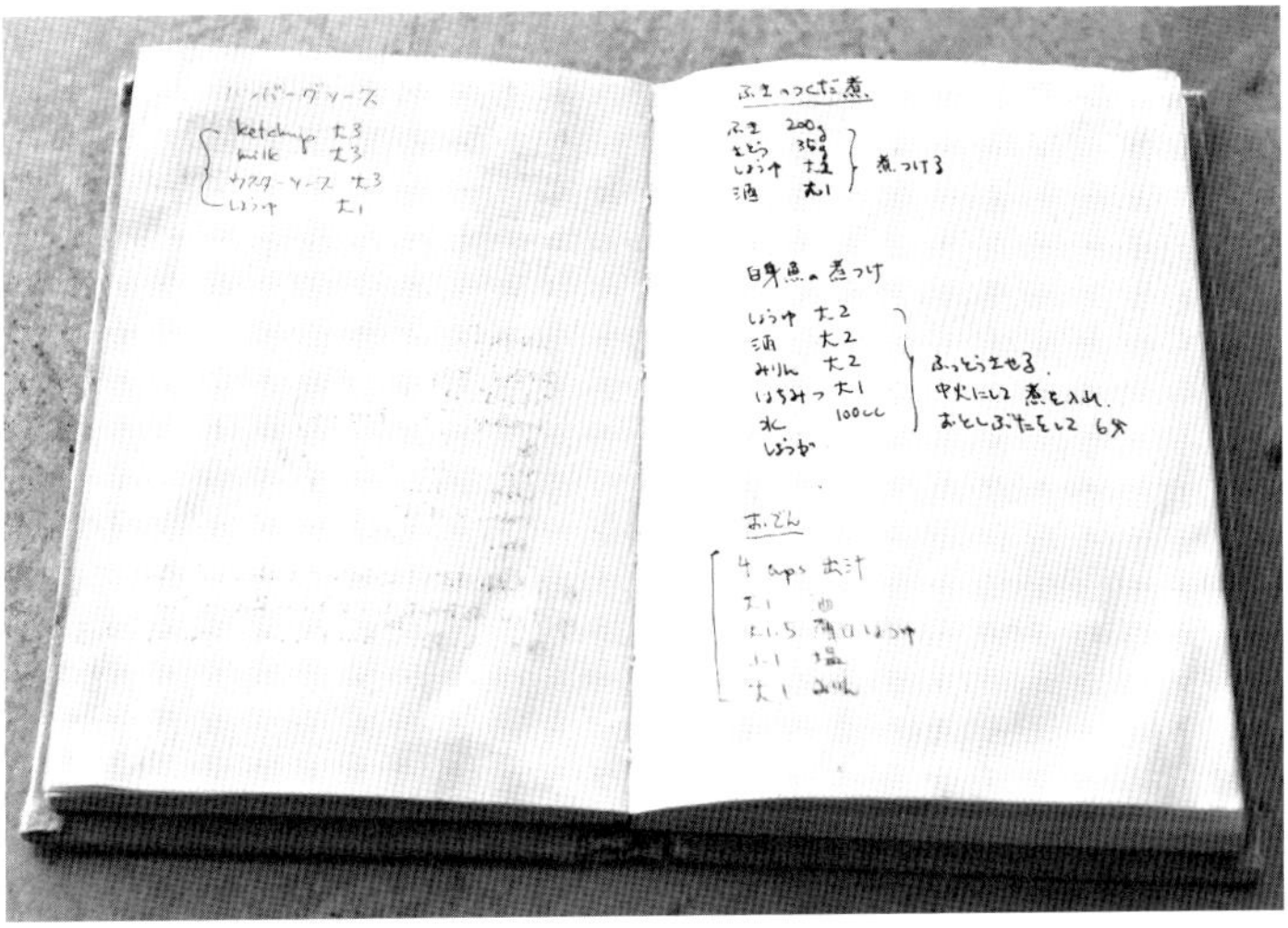

上／１週間の献立表は、夫の両親の介護で鹿児島に通っていた一番忙しいときによく作った。下／材料と分量だけのコルドン・ブルー式レシピ帳。鹿児島にも持っていく。

す。スーパーのチラシなどを手元に1週間のメニュー作りをすれば、節約料理の工夫も少しは楽にできるのではないでしょうか……。

2、3日先までの主菜を考えておくだけでも、気持ちに余裕ができます。今日は晩ごはんの支度に時間がとれないとわかっていれば、朝食の支度のときにだしだけとっておいたり、だしがとってあるなら、明日そのだしで作る鶏肉のシチュー用に、夕食を作っているときに野菜を切っておいたり。作るものさえ決まっていれば、何かしら次の食事の準備も同時にすませることができます。買い物も時間がかからないし、何も考えずに手を動かせばいいのです。

母はいつも夜寝る前に、翌朝のテーブルセッティングをすませていました。忙しい朝は何も考えたくないものです。私はよく、夫が会社に持っていくお弁当用の食材を、前の晩のうちにひとつのバットに集めておくようにしています。

家事術は手帳術、と私は思っています。やるべきことをまず書き出す。時間が足りないことがストレスなら、どうしたらストレスをなくせるか考えます。朝の時間が足りないと思ったら、夜やってみる。それをしばらく続けてみて、うまく回っていけば、それをルーティンにすればいいのです。

24 買い物に行く前にすること

毎日、スーパーに出かけ、今日は何を作ろうかな、と考えながらお買い物をする――。そんな時間の余裕に恵まれた人は、そうそういないでしょう。買い物はたしかに息抜きでもありますが、効率優先で考えるなら、目的をはっきりさせ、買うべきもののリストを持って出かけたほうがいいのです。もちろん、ブロッコリーを買おうと思っていたのに、なかったり高かったりして、代わりの野菜を買うこともあります。その辺は臨機応変です。

私の場合、鹿児島の家では特に、東京と違って食料品が調達できる店も限られているし、夫の両親が健在だった頃は食卓を囲む人数も多かったので、買い物に行く前には必ず献立表を元にリストを作り、数日分をまとめて買うようにしていました。

東京では、外出した帰りにスーパーに寄り、目についたものを買い足すというようなこともあります。余計なものを買ったり、新鮮なうちに食べ切れなかったりということがないように、毎朝必ず冷蔵庫に何があるかチェックします。たとえば外出が予定より長引いて夕食の支度に時間が十分とれないようなときも、冷蔵庫の中身がなんとなく把握できていて、レシピを見なくても作れる料理があれば、これを買い足せばあれが作れる、と電車の中でも考えることができ、あわてることがなくなります。

25 コルドン・ブルー・メソッドが基本

夫の留学がきっかけで、ロンドンで1年暮らすことになり、時間をもて余した私は、以前から習ってみたかったお菓子を勉強するためにコルドン・ブルーへ通うことにしました。時間があったので、お菓子のコースとともに、お料理も勉強することに……。初級、中級、上級のクラスがそれぞれ10週間。月曜日から金曜日の毎日、午前9時から夕方の5時くらいまで講義と実習が続きます。週2日がお菓子、残りの週3日がお料理の授業でした。中間試験、期末試験、卒業試験をパスすれば、晴れてル・グラン・ディプロムをいただけます。

コルドン・ブルーのクラスにはさまざまな生徒がいました。花嫁修業のつもりで通うイギリス人のお嬢さん。アメリカでシェフをしている人で、ヨーロッパで勉強がしたくて留学中の人。語学の勉強だけでは物足りず、ついでに料理も習ってしまおうという日本人留学生。そして私のように、今までは別の職業だったけれど料理に興味があり、転職を希望して参加している弁護士、心理学者、ジャーナリスト、哲学者など、国籍も年齢も知識も経験もバラバラな人たちが集まっていました。

コルドン・ブルーで教えてくれるのは、伝統的なフレンチの料理の基本です。先生方はみんな一流レストランや星付きホテルの厨房で働いてきたプロばかり。コルドン・ブルーでは、先生方が働いていたような厨房で修業するために身につけなければならない知識を全般的に教えてくれます。そのため、料理の知識はもちろん、台所の衛生面、ワインやチーズのクラスなど幅広く勉強することができました。フランス料理の技術や技法は西欧料理の基本です。それは、ほかの料理すべてに応用ができるので、この学校に通って本当によかったと思っています。

コルドン・ブルーの教え方は、こうでした。まず、先生の講義を受けます。レシピはもらえず、材料表だけもらいます。あとは先生によって少しずつ作り方が違うので、自分が教えてもらう先生のやり方を見て、話を聞いて、レシピは自分で書き起こします。料理を習うのが初めてだった私は、使った道具から、作り方の技法、食材の特徴など、事細かにメモをとりました。そしてそのメモを持って今度は実習室へ入ります。U字形のキッチンにはステーションが8つありました。それぞれにオーブン、コンロ、持参のナイフを貼りつけるマグネット、作業台、流しが備わっています。もちろんボウルやバット、鍋類も必要な分がそれぞれのステーションに収納されています。我々は清潔に洗濯しアイロンがけしてあるエプロンをピシッと身につけ、髪が落ちないように整えて帽子をかぶり、手を拭くための布巾をエプロンの腰紐にかけておきます。絶対にエプロンで手を拭いてはいけない、不衛生なので必ず布巾で手を拭くこと、と教えられました。それから当日使う食材が運ばれ、ここは早い者勝ち！　やはりレストラン勤務経験のある元シェフたちは目利きぞろい。遠慮気味だった私はいつも形の悪い残り物で料理するはめに……。でもそれも勉強！　それからはひたすら料理を作ることに集中します。目的は、講義で教わった料理を一人前作ること。実習を担当するシェフをレストランのお客様と想定します。温かいお皿にきれいに盛りつけた、ちょうどよい温度のお料理をエレガントに運ぶこと。そのときには自分の調理ステーションはきれいに整っていなければなりません。片づけをしながら料理をしていきます。料理人の身だしなみもポイントの対象で、チェックされます。エプロンがシミだらけでは減点です。そして私が何より難しいと感じたのはタイミングです。自分の料理が仕上がりに近づいてきたときに、まわりの人の様子をうかがうのです。シェフの食卓があいているときは、次にこの人が先生に料理を運ぶかな？　次は誰かな？　じゃ自分はその次かな？　ということを全体の様子をうかがいながら考えるのです。自分の料理を運んでも、そこで別の人が先にそれを先生に差し出してしまえば、自分のお皿もお料理も冷めてだめになってしまいます。料理の世界は奥深いのです。

　もちろん家で作る料理と、プロとしてレストランで料理をすることはまったく別の行為ではありますが、家でも応用できるヒントはたくさんあります。キッチンは使っていればどんどん汚れていきますが、作るのと同時に片づけも心がけながら料理すること。温かく仕上げる料理、冷たくてもよい料理など考えた上で、段取りをすること。また、一番の勉強となったのは、鶏や魚のだしのとり方をはじめ、基本的な技法を身につけることの大切さを知ったことかもしれません。すべての料理には基本があり、それさえできれば、応用したりアレンジして別の料理が作れるのです。

基本さえわかれば、コルドン・ブルーの講義でもらう、材料表だけのレシピで料理が作れるのです。私もコルドン・ブルー以降、持ち歩きのできる小さなレシピブックを作り始めましたが、ここにはそんなレシピをたくさんのせています。大体の分量さえわかれば、野菜の切り方、下準備、合わせ方などはもうわかっているということです。料理が苦手な方はぜひとも基本的な技法をいくつか身につけるといいでしょう。毎日の食事作りがぐ〜んと楽になるはずです。

というわけで、私の料理の基本はコルドン・ブルー・メソッドなのです。

26 普段料理の基本のレシピをいくつか持つ

私は普段作る料理は洋風（ドイツ）料理と和食と決めています。１週間単位というわけではなく、大体1週間のうちの半分が和食、半分が洋風料理という感じです。

料理が苦手な人にアドバイスするのは、まずはレシピを見ないで作れる料理を3品持つこと。いつも違う料理を作るのではなく、自分が好きな料理でも、家族が好きな料理でもいいのです。繰り返し作り、材料表が目の前になくても作れる自信をつけます。そうすれば、忙しいときでも、急な来客のときでも、レシピを見ないで、パパッと買い物ができ、下ごしらえも手早く、そして使う鍋もわかっているので、気楽に料理できるはずです。

そして、もうひとつは、家にある食材を知っておくこと。里いもが残っている、白菜が少しだけある、冷凍庫に豚バラ薄切り肉がある……などわかっていれば、それを元に料理を考えてもいいし、買い足しをするときにも役立ちます。いつもなんとなくあるものを把握していると気持ちが楽ですよね。私は最近は余った野菜をみな大きめのタッパーにまとめて入れておきます（そうしないと細かい野菜は意外と冷蔵庫の片隅でひからびてしまうのです）。残り野菜にマカロニを入れてスープを作ってもいいし、チャーハンに入れてもいいし、豚汁を作ってもいいでしょう。こうやって、毎日くり回すのが普段の家庭料理だと思います。

27 1週間のルーティン

ドイツでは、昔は曜日によって献立が大体決まっていたそうです。たとえば、土曜日は1週間分のパンを焼く日だから、余った野菜などをまとめて具だくさんのスープを煮込む。日曜日は家族が集まる日だから、肉のロースト、金曜日は魚料理の日、と1週間の献立が大体ルーティンになっていました。日本でも昔、京都の商家では、8のつく日にはあらめを食べるなど、栄養的にもバランスがとれ、献立に悩まずルーティン仕事にできるようなやり方があったそうです。

思い返してみると、ドイツの祖母も母もそんなに料理のレパートリーは持っていなかったと思います。10種類くらいの料理を繰り返し作ってくれていたような気がします。でもその料理はとてもおいしかったし、私たちはそれで健康に育ちました。日本では、和食、フレンチやイタリアンなどの洋食、中華、エスニック料理と本当にバリエーション豊かです。でも、家庭ではそんなにバリエーションがなくてもいいのでは？　ストレスがなるべくかからないようにすることが、ひいては自分の家族の健康をキープすると思うのです。だからたとえば私は、家では中華料理を作りません。もちろん中華鍋も持っていません。中華風調味料もありません。

自分の得意料理や料理分野を決め、作りやすい料理を気軽に作るのがよいと思います。和食が好きなら、それでいいと思います。毎日ご飯を炊いて、味噌汁を作り、焼き魚、煮魚、煮物、常備菜、漬け物などを作ればいいわけです。こういった料理の基本ができれば、食材を替えることでいくらでも応用がきき、レパートリーは広がるし、季節感も出せます。

28 理想的な1週間の料理くり回し例

一番理想的な1週間のルーティン料理は、余った食材を流れるように翌日に使い回しできることです。

たとえば、余裕のある日曜日の夜に、骨付き鶏肉と根菜を煮て、ポトフ風に仕上げます。水は多めに入れて、だしをたっぷりとるようにします。その日の夜は鶏肉と野菜にマスタードをつけながらいただきます。残っただしで、月曜日には豚しゃぶと野菜の鍋にします。火曜日に、また同じだしと残った野菜を使って、タラの鍋を作ります。水曜日は、タラ鍋の具材とだしごとリゾットに変身させ、最後にパルメザンチーズで洋風に仕上げます。まだだしが残っていたら、木曜日はたとえば豚汁にして使い切ります。だしをとった日に鶏肉が残れば、次の日にほぐして、細かく刻んだ野菜と一緒にチキンヌードルスープにしてもいいでしょう。鶏のだしがあれば、何か野菜、たとえば枝豆やそら豆などの豆類や、ブロッコリー、にんじん、かぼちゃなどでポタージュも簡単に作れます。くり回しても残っただしがあれば、冷凍ストックしておきます。おいしいだしがあれば、どんなお料理もおいしくなりますから。

台所の一番の節約とエコは、ゴミを出さないことだと思います。買った食材は余すところなく最後まで使い切ること。私はよく夫に「うちはいつも残り物だよね」と言われます。ついい私は、これは昨日の鍋で残った白菜を浅漬けしたのよとか、このコロッケは昨日のマッシュポテトを流用したのよなどと言ってしまうからです。

でも、家庭料理はそういうことだと思いませんか。前日の残った食材を工夫しながら、形を変えて新しい料理に作り直す。マッシュポテトが残ったら、ひき肉のグラタンの下に敷いてみたり、ほうれん草の和え物がグラタンの中身になったり、オムレツの具になったり。それを楽しめればしめたもの。アイデアでどんどん工夫をして、オリジナル料理を作って楽しみましょう。

29
冷蔵庫、冷凍庫の使い方

冷蔵庫の中身は常に見渡せるようにしておき、毎朝必ず開けて何があるか確認します。今日、明日で食べ切る肉や魚、野菜や根菜、果物以外に、冷蔵庫にたいていあるのは、卵、ハム、チーズ、ヨーグルト、バター、ジャム、アンチョビ、ケチャップ、マヨネーズ、マスタード、味噌など。ハムとチーズは保存容器に入れてチルド室に。チーズはハード系が好きで、日持ちもするので買い置きしています。たらこやしらすも買い置くことの多い食材です。牛乳は、そのまま飲むのは苦手なので常備はしていません。水のペットボトルは入っていますが、お茶やコーヒー、調理には水道水を使うので、これは主に夫がそのまま飲むためのものです。

冷蔵庫で長期保存する使いかけの保存食品などは、劣化しないように空き瓶など密閉性のあるものに移し替え、ラベルを貼ってしまっています。食材も調味料もため込まず、どんどん使って、循環させていくように気をつけています。

実家の母の冷蔵庫は、冷蔵室と冷凍室が２段になった、驚くほど小さくてシンプルなものです。冷蔵庫の上にオーブンレンジ、さらにその上に棚を置いて電子レンジをのせて使っていますから、普通なら一人暮らしの学生が使うようなサイズのものです。冷蔵庫には

2〜3日分の食べ物が入ればいいのだし、仕事帰りに夜遅くまで開いているスーパーに寄れるし、両親が二人暮らしになって買い替えて以来17年間、まったく不自由を感じたことはないと母は言います。

私の場合、同じ二人暮らしでも、ある程度の大きさはあります。冷蔵室、野菜室、冷凍室の3段になったタイプです。その代わり、自宅で料理教室をしていましたから、教室で使う食材や下ごしらえをすませたものを入れられるよう、冷蔵庫はいつも全体の2割程度のスペースは空けておくように心がけていました。大きいボウルもさっと入る余裕があれば、扉を開けたまま冷蔵庫の中身をあちこち移動させて場所を作らなくてもすみます。

洗いものはなるべく減らしたいこともあって、翌日にすぐ食べる残り物などは、保存容器に移し替えず、ボウルにラップをしたり、鍋のまま冷蔵庫に入れます。ちなみに保存容器の収納場所は冷蔵庫の上。鹿児島で見つけた背負籠《しょいこ》に入れて、のせています。

うちは冷凍庫もそれほどものがたくさんは入っていませんが、すぐ食べないもので、冷凍できるものは冷凍します。トマトソースやだしは大鍋に作り、小分けにして冷凍します。保存袋に入れて口を閉じ、バットに寝かせ、冷凍庫に入れて凍るまではそのままにしておきます。そのほかの食品も、平らにすると早く冷凍できますし、保存袋の口を上にして縦に並べられるので、庫内でかさばらずにすっきり収まり、使うときも取り出しやすくなり

冷蔵保存する使いかけの食品は、しまりの悪いビニール袋のままだとかさばる上、劣化するので、必ず空き瓶に移し替える。手作りのジャムやピクルスもガラス瓶に。

買い置き食材やトマトソース、だしのほか、ピールにする柑橘類の皮なども作るときまで冷凍庫に保存。あとは鹿児島のニッキの葉で包んだ郷土菓子など。

ます。

ご飯はいつも1合炊いて、残ったらラップに包んで冷凍します。あと冷凍庫にあるのは、パン、シチュー用の塊肉、夫の好きな納豆など。さつまあげとベーコンは、和洋の料理で味に深みを出してくれる加工品。切らさずに入っています。さつまあげは野菜と煮物やきんぴらにしたり、うどんの具に。ベーコンは玉ねぎと一緒に炒めると洋風料理の味の基本になります。カリカリに炒めてサラダに入れたり、レンズ豆などのスープに使ったり。レンズ豆は乾燥の豆でもすぐ煮えるので便利です。ベーコンは1kg前後の塊で買い、一回に使いやすい6等分くらいに切り分けて、ラップで包んで冷凍しています。ベーコンや塊肉を解凍するときは電子レンジは使わず、前の日から冷蔵庫に入れ、自然解凍します。

30 その他のストック食品

冷蔵以外の食品や調味料でキッチンにあるものといえば、まずじゃがいもと玉ねぎ。じゃがいもはドイツ料理の主食ですから必須です。最近は新しい品種も出回っていますが、銘柄にはこだわらず、男爵、メークインなど、ごく普通のものです。

調味料で必ずあるのは、夫の郷里のしょうゆ。普段は東京のスーパーでも手に入る関東のしょうゆを使っていますが、鹿児島風の煮物を作るときは必ずこのしょうゆを使います。お酢も鹿児島の甕づくりの黒酢を使っています。仕事柄、ワインビネガーも持っていますが、どれか一本だけ、といわれたら、私が選ぶのはこの黒酢。地元のものというだけでなく、お米と麹と地下水だけで仕込んだ本物の発酵食品ですから、身体にいいと思っています。塩は伯方の塩、調理用の砂糖はザラメ、ほかに甘みとしてははちみつです。油はオリーブオイルとごま油を常備。オリーブオイルは産地を訪ねる機会に恵まれたイタリアのものを取り寄せて、切らさないようにしています。

私の料理の基本はドイツ料理をはじめとする洋食なので、スパイスは欠かせません。基本的なものはそろっていますが、普通の家庭ではそんなに持たなくてもいいのではないでしょうか。よく使うのはこしょう、ナツメグ、カイエンヌペッパー。そのほかはローリエ、シナモン、クローブ。ジュニパーベリー（ねずの実）とパプリカはどちらも煮込み料理に使います。

缶詰、瓶詰類では、トマトのホール缶、オイルサーディン、アンチョビ。アンチョビも味に深みを与えてくれる食材です。ラタトゥイユの隠し味にしたり、じゃがいもなど淡泊な味の素材と合わせて調味料的に使っています。乾物はあまり使いこなせないので、常にあるのは干し椎茸とポルチーニくらいです。小麦粉や片栗粉、お菓子用の粉、パン粉などは、保存容器に入れてキッチンの吊り棚に収納しています。

同じく吊り棚に保存容器で保管しているのは、乾麺とナッツ類。麺はパスタ、そば、うどん、そうめんなどで、noodlesと書いたマスキングテープを容器に貼っています。ナッツ類はお菓子にも使いますし、サラダに入れるのも好きで、アーモンド、くるみ、ひまわりの種など、何種類か常備しています。ドライフルーツも買い置きし、レーズンやデーツは朝のヨーグルトに混ぜるのも好きです。あとは、最近ようやく電子レンジを導入したので、万一のときのための夫用に、常温保存できるパックのご飯も。インスタントのお味噌汁も少し買い置いています。

31
味の「元」を知って調味料を使いこなす

新しい料理に挑戦するときは、最初はレシピ通りに作るようにしています。自分流にアレンジするのは2回目から。でもレシピ通りに作るとなると、しょうゆは濃口と薄口、味噌は赤味噌と白味噌……というように、キッチンに調味料はどんどん増えていくばかりです。私自身、仕事でレシピを書くとき、この場合ワインビネガーは赤と白、どちらがいいですか？　と聞かれたら、より料理にふさわしいほうを答えてしまいます。

でも、それがないと料理が作れない、ということはありません。そう思いはじめたきっかけは、仕事のために、お酢の種類があまりに増えすぎてしまったことでした。穀物酢、黒酢、りんご酢、ワインビネガーの赤白、シェリービネガー、バルサミコ酢……。なんとかこの数を減らしたい。そこで、レシピとは違うけれど、使い切りたいお酢を使ってその料理を作ってみることにしたのです。結果は、ちゃんとおいしい料理になりました。

イタリアの工場を訪ねたことがありますが、本物のバルサミコ酢はたしかにおいしい。なめてみると、ぶどうジュースを煮詰めた、プルーンエキスのような凝縮した甘みがおいしさの元なのだとわかります。それなら、レシピにバルサミコ酢と書いてあれば、お酢にはちみつやジャムなどで甘みをプラスすればいい。そう気づいたのです。混ぜもののない本物は高級でなかなか気軽には買えませんが、そういうバルサミコ酢を使うとしたら、ドレッシングやソースに混ぜるのではなく、生で使うために買いたいと思います。

ふと疑問がわいたら立ち止まって、「これはどんな味がするの?」と考えます。そして、甘いのか酸っぱいのか塩辛いのか、自分の舌で確かめてみます。そうするとそれが何からできているのか、何で代用でき、何に転用できるかがわかります。

中華料理の調味料も同じです。夫の父が好きだったので、鹿児島では普段は作らない中華を作ることがありました。回鍋肉には豆板醤と甜麺醤が必要とレシピにあるので買いそろえましたが、なめてみると、どちらもベースは味噌。ですから普段の味噌に辛みや甘みを足せば、回鍋肉は作れるとわかります。逆に豆板醤や甜麺醤を買ったものの、使い切れずに残って気になっているなら、いつもの味噌炒めにちょっと混ぜて、どんどん使ってしまえばいいのです。

味噌もうちは今では1種類だけ。鹿児島の甘い麦味噌に慣れると、赤味噌は辛く感じるようになりました。あるときレシピに赤味噌と書いてある料理も麦味噌で作ってみると、それはそれでおいしく、これが「うちの味」と思えたのです。それが家庭料理というものではないでしょうか。限られた用途にしか使えないものをあれこれそろえなくても、基本的なもので応用できることに気づくと、料理をするのが楽になります。ものが増えがちなキッチンもすっきりして一挙両得です。

32
献立に悩んだときは?

前もって献立を考えておくといいといっても、時にはアイデアが何も浮かばないこともあるでしょう。また、予定が変わって買い物に行けなくなってしまうことも。そんなときどう切り抜けているか、私のアイデアをご紹介しましょう。

まずは「自分のうちでお買い物」。冷蔵庫や冷凍庫の中身、食品ストックはいつもチェックしているつもりでも、使い切れずに残っているものもあります。ことにいただいたものので、普段使い慣れていない食品や食材は残りがちです。そんなときこそ、そういうものを使い切るチャンス。残っているもの同士を組み合わせて使うことも考えます。使い慣れないものも、それがどういう味なのか考えてみると、いい使い道が思い浮かびます。自分が得意な料理、作り慣れた料理に引き寄せて考え、その食材をプラスするとおいしくなるだろうか、と考えると、案外うまくいくものです。

自分でいいアイデアが浮かばなかったら、インターネットに冷蔵庫にある食材を打ち込んでみるのもひとつの方法です。検索するといろいろな料理のレシピが出てきます。試しに、タコとピーマンと入れてみたら「タコとピーマンのガーリック炒め」や「タコとピーマンの和風マリネ」などの料理が出てきました。もちろん、まったくその通りに作る必要はないと思います。が、なるほど〜、これとこれを組み合わせて煮物にしてもいいんだな、とか、この材料の組み合わせで和え物ができるのね、などヒントになることがたくさんあります。ぜひ、試してみてくださいね。

そして、本当に時間の余裕がないときは、買ってきたものですませます。実は選択肢が多ければ多いほど迷うタイプなので、今日はデパ地下でお弁当を買おう！　と思っても、あれこれ見比べているうちに結局時間がかかってしまったりもするのですが……。そして、買ってくるほど忙しいのだから、洗いものを増やしたら意味がないでしょう、と思います。ですからそういう日は買ってきたものを器に移し替えず、パックのまま食卓に並べることにしています。

33

和食の常備菜は便利

母がドイツから日本に嫁いできた東京オリンピック直後は、日本は今よりもっともっと伝統的なところが残っていたそうです。最初に両親が住んだのは、兵庫県の西宮市でした。そして、買い物といえば、普段は近所の商店街。野菜、魚、豆腐、乾物など、母にとっては見たことのない、食べ方のわからない食材ばかりでした……。昆布に鰹節、わかめに押し大豆。精肉店では、種類は鶏、豚、牛とドイツと一緒でも、肉の切り方がまったく違うので、調理法がわからず困ったそうです。しかも、当時は外国人も少なかったのか、和食に興味を持つ人が少なかったせいか、和食の英語版レシピ本はなかったそうです。唯一、日本の食材を使って料理ができるレシピ本は中華料理だったとか。そこで母が思いついたのは、友人宅に招かれたときに、そこの主婦である奥様に聞くことでした。新婚だったので、父がおいしいという料理を作ってくださった奥様方に、母は和食を教えてもらったそうです。それで、母が得意な和食はカレイの煮付けと茶碗蒸しになりました。

こうして和食に慣れていった母ですが、日本に来たばかりの頃は、和食は小菜がたくさん並ぶので、作るのが大変だと思ったそうです。洋風料理はワンプレートの食事が多いですから、作るのは3品。主菜のたんぱく質、副菜の野菜、炭水化物の主食だけを考えればよいのですが、和食はもっとたくさんの種類を考えて作らなければならないように見えたそうです。でもあるとき、母は新潟の親戚の家に泊まって観察していて気がつきました。和食の常備菜は日持ちのする料理が多く、メインの料理は毎日新たに作るけれど、副菜のそれらは2〜3日続けて出てくるものが多いことに……。

佃煮、きんぴら、和え物、漬け物など少々多めに作って、飽きがこないように上手にテーブルに並べるコツを身につけるのも大切なことですね。そして毎日力を入れるのは主菜の一品だけです！

私も最近は和食でも煮物や和え物ばかりでなく、残った白菜を昆布の佃煮と和えて浅漬けのようにしたりしています。ちょっと日持ちのする常備菜も作るようにして材料をうまく使い切り、また食卓が少しにぎやかになるようなアイデアは和食ならではのよさです。

34 洋食は懐かしい母の料理が原点

子供の頃、母が作ってくれた料理はどれも大好きでした。母はドイツ人ですが、ドイツ料理はあまり作りませんでした。理由は二つ。一つ目は、当時はドイツ料理を作るための材料が手に入らなかったから。そして二つ目は、そんなにドイツ料理にこだわりがなかったからだと私は思います。

母は国際結婚をしたくらいですから、自分の国にこだわるよりも、インターナショナルな世界に興味があったのだと思います。小さい頃に見た母のレシピ本でよく覚えているのは、アメリカにフランス料理を伝えたという伝説のアメリカの料理研究家、Julia Childの本、そしてもうひとつはたぶんスカンジナビア航空だったと思いますが、航空会社が出していた「世界の料理」のようなタイトルの本でした。どちらもA４判くらいで、ハードカバーの表紙がシンプルだけどとてもきれいで、あこがれていたのを覚えています。

普段、母が作ったのは、西欧家庭料理とでもいえるでしょうか。子供が食べやすいようにチキンライスとかスパゲッティミートソース、大好物だった鶏肉とピーマンが入ったサラサラのイギリス風カレーなども作ってくれましたが、多くの場合は西欧風のワンプレートディナーでした。ゆでたてのじゃがいもが主食。そして肉料理が一品。母は脂身が嫌い

ブロッコリーとカリフラワーのグラタン（レシピP119）は、母譲りの定番料理のひとつ。

で、豚肉なども食卓にのぼりましたが、どちらかといえば、ささみ肉を好んで出してくれたのを覚えています。ささみに小麦粉、溶き卵、パン粉をつけ、焼きつけます。そしてつけ合わせの野菜料理。にんじんだったり、いんげんやキャベツだったり、コーンだったり。あとは軽めのグレイビーソース。肉を焼いた鍋に小麦粉を少し入れて炒め、野菜のゆで汁を加えてソースにします。じゃがいもと野菜料理は大きめのボウルに、お肉は盛り皿にのせてテーブルの真ん中へ。

料理はシンプルでも、必ずテーブルセッティングはしました。ドイツでは、テーブルセッティングがされていない食卓は貧相でかわいそうな印象を与えると思われます。ですので、必ずテーブルクロス（子供が小さかった頃は汚しても拭きやすいようにビニールクロスでしたが、なるべく布に近い素材感で、長く使える飽きのこない柄を母は選んでいました）を敷き、銘々皿、飲み物のグラス、ナイフとフォーク、デザート用のスプーンをセッティングします。そしてみんなが席に着くと、みんなに料理をよそうのがいつも私の仕事でした。右手にはナイフ、左手にフォークを持ち、お肉をひと口切り分け、フォークの背でじゃがいもをつぶし、お肉とつぶしたじゃがいもにグレイビーソースをからめてフォークにのせ、一緒にぱくりと食べるのがとってもおいしかったのでした。

当時、日本ではなかなかパプリカは手に入りませんでしたが、あったときにはパプリカの肉詰めを作ってくれました。合いびき肉に玉ねぎ、卵などハンバーグを作るときの材料を混ぜ、あとは生の米を混ぜます。これを上を切り落としたパプリカに詰めてふたをし、トマトソースで煮込みます。一人1個のパプリカがお皿に盛られた様子は、とても豪華！そしてパプリカが甘〜くておいしかった。今でも時々作るお料理です。

普段の日の母の料理はシンプルでしたが、でも新鮮な食材から作る努力をしていました。缶詰、冷凍食品、レトルト、そういうものはなるべく使わず、新鮮な肉や魚、野菜を使って料理を作ってくれました。もちろん、当時、日本で西欧料理を作るとなると高くついてしまうこともあるので、その辺は予算も考えて、母なりにいろいろと工夫していたのも覚えています。たとえばカリフラワーのグラタン。ドイツではクリーミーなカリフラワーはポピュラーな食材で、ホワイトソースやチーズとすごく相性がいいのです。でも日本ではとても高価な食材。そこで母はカリフラワーのグラタンの単価を下げるため、半分カリフラワー、半分ブロッコリーで作りました。母にとっては工夫でしたが、このほうが彩りがよく、私にはよい料理のように思えます！　これも私が今でも作る一品です。

そして私たちきょうだいがとてもうれしかったのが、毎日必ずあった夕食後のデザート。簡単にフルーツだったりもしましたが、日本は意外と果物が高いのですよね。いちごの季節はいちごをたっぷり食べたいところですが、予算がありません。そこで母が思いついたのは、いちごとバナナを合わせること。フルーツサラダのように、レモン汁と砂糖をふりかけて和えます。これも節約のためにやったことなのに、なんて相性のいい組み合わせでしょう！　今も我が家の定番です。朝のヨーグルトにもよく合います。

子供の頃のもうひとつの定番のデザートはゼリー。いろいろなフルーツ類をゼリー寄せにしてくれたのを覚えています。実はこのゼリーは母が自分のために作っていたともいえます。なぜならゼリーはコラーゲンが入っているので、母は「爪を丈夫にしてくれるからいいのよ！」と言っていました。私が小さかった頃、母は爪をのばしてマニキュアをしていましたが、爪をきれいにのばすのに必要だったのでしょう。

普段は忙しい毎日ですので、シンプルな料理を作っていましたが、お祝いの日はやっぱり特別でした。特に母にとって大事な祝日といえばクリスマス。クリスマスには必ずフルコースメニューを作ってくれました。子供たちにとっては、ちゃんとした食事をする練習でもあったのでしょうね。この日はビニールクロスではなく、何かをこぼせば汚れる、麻の真っ白なテーブルクロスを使用。クリスマス用のお皿とグラスもテーブルセッティングされていました。そしてコース料理が順番に出されます。まずはコンソメスープに始まり、ほうれん草とハムが入ったクレープグラタン、ミックスサラダのあとにやっとメイン料理。鶏の丸焼きにゆでたじゃがいも、紫キャベツの煮込みと、もう一品の野菜料理とグレイビーソースが出されました。鶏は父が切り分け、みんなに振る舞ってくれました。メインのあとのデザートはチョコレートムースなど。これらはなんとすべて手作り。コンソメもちろん鶏からスープをとり、クレープグラタンのクレープもホワイトソースも作っていました。今から思えば、母はいつ、どうやってこんな料理を準備していたのでしょうか？寝ずに頑張ってくれたのでしょうね。感謝感謝です。このように覚えているくらいですから、母のクリスマスのコース料理は毎年まったく一緒でした。「ええ？　つまらない」と思う人もいるかもしれませんが、私はそうは思いません。毎年一緒だからこそ、これが伝統であり、毎年家族が集まればこの料理を食べるのが楽しみなのです。それこそが母の味なのです。

35
和食はわかりやすい基本の配合を覚える

洋食が基本だった私の食生活が激変したのは、鹿児島出身の人と結婚してからでした。ウィークデーのお昼は洋食が多いから、夜の食事はご飯と味噌汁のある和食がいいと夫が言いました。私は基本的な和食の作り方を知りたかったので、ベターホーム社のレシピ本を3冊購入しました。『お母さんの味』『お料理一年生』『家庭料理』です。ところが、和食は自分で作って味見をしても、果たして何が足りないのかがわかりません。そもそも本来の味を知らないから自分の好みもわかっていなかったのでしょう。そういう意味では、夫の「これは辛い」とか、「甘さが足りない」というコメントはありがたいものだったのかもしれません。とにかく、ひたすらレシピに書いてある分量で調味料を計量し、料理を作り続ける日々でした。しょうゆ、みりん、酒、だしなどを、大さじ、小さじで細かく計量していました。たしかにおいしい料理ができました。

しかし、夫の実家の鹿児島へ行くと、まったく違うのでした。姑の作るお料理は季節感があってとてもおいしく、いつも楽しみにしていました。私もこんな和食が作れるようになったらいいな〜と思って教えてもらいました。でも、当たり前ですが、姑はレシピなどないと言うのです。仕方がありませんから、見て覚えることにしました。

鹿児島の甘口のしょうゆをどぼどぼどぼ〜っとこれくらい。そしてザラメをひとつかみ、ふたつかみ、とこれくらい。味見してみて、あらちょっと味が足りないわね、と姑が調整していく過程を見せてもらいました。あとで自分で作れるようにとメモするのですが、調味料の量をどう表現するのか？　と作っていた場面を思い返すと、しょうゆとザラメが同量くらいではないか？　と気がつきました。料理本には、野菜は面取りをしなさい、臭みを消すために酒、つや出しにみりん、などいろいろと細かく上品な味に仕上がるようにレシピが書かれていますが、もしかしたら基本は同量のしょうゆと砂糖？　と思っていろいろなレシピを見始めるとそうなのです。もちろん、個人の好みの味、地方で使い慣れた調味料というものがあるので、細かく言えば違うでしょうが、でも、基本はそこにあると思い至りました。

そして、入れなければならないと書いてある調味料も、なぜ入っているのかを考えることによって、入れなくてもよかったり、他のもので代用できることに気がつきました。お義母さんが作る地元の煮物は、鶏のだしと地元の甘めの薄口しょうゆとザラメだけ。シンプルだけど、とてもおいしいのです。大根の面取りなんかしないでもきれいに煮上がります。砂糖は先に入れないと味がしみないということも、特にありません。最後にみりんを入れてつやを出さなくても、十分においしく仕上がります！　毎日食べる家庭の味です。昔の人は食べる素材そのものを作るために、一日中畑に出ていました。あれこれと細やかに料理をする余裕のある人はそうはいなかったでしょう。料理はもっともっとシンプルに考えるべきだと気がつきました。だしとなる材料（骨付き鶏肉やさつまあげなど）と野菜（大根、にんじん、たけのこなど）にかぶるくらいの水を入れて火にかけ、すぐにしょうゆと砂糖で味つけして煮る。あとは、冷めていく過程で煮物に味がしみ込むから時間をおいて待つだけ。基本の煮物は、すべてこれと同じなのです。

夫の実家に伝わる郷土料理に欠かせない甘めの薄口しょうゆと、大隅半島の麦味噌。
砂糖はザラメが基本だが、余った黒砂糖なども同じ容器に入れて混ぜて使っている。

36
味噌味も同じ要領で――なすの味噌炒め

なすの味噌炒めなど、味噌味の料理も同じことです。レシピには味噌と砂糖、みりんとだしが調味料として書かれていますが、味噌と砂糖、ほぼ同量だけで十分ではないかと気がつきました。だしを入れる理由は、砂糖と味噌だけではかたくて、なすに調味料がからまないから入れるのです。だしで旨みは出ますが、味噌だけでも十分旨みは出るので必要ないと思いました。かたいと思ったら、水をちょっと入れるだけでいいのです。

それよりもなすの味噌炒めをおいしく作るポイントは、なすに十分火を通すこと。揚げれば早いですが、油の始末が大変です。そこで、フライパンでじっくり時間をかけて炒めるとうまくいきます。また、味噌はちょっと焦げ目がつくと、香りもよくておいしいもの。砂糖とからめるときに、しばらく放っておいて、軽く焦がすのです。なすだけではなく、ひき肉を同じように炒めてもいいし、サワラや銀ダラなどの魚を味噌味のたれに漬けてグリルで焼いてもおいしいものです。味噌と甘みが同量という基本の味つけとさまざまな食材で、レパートリーはどんどん広がります。甘みは我が家ではザラメですが、血糖値への影響を少なくしたいなら、砂糖よりみりんがおすすめです。本みりんは発酵食品で、独特な旨みもあるので、料理に入れるお酒を控えるためにもいい調味料だと思います。

37 食費について

お財布事情は人それぞれ違います。家計の中の食費、いわゆるエンゲル係数についても各家庭でさまざまな考え方があるでしょう。我が家も毎月の食費の予算を決めているわけではないし、家計簿もつけていません。ただ、毎月の生活費は決めていて、その予算内でざっくりとやりくりしています。

普段、私が気をつけているのは、余計な食材を買わないことと、買ったものは無駄なく使い切ること。元々高価なステーキ肉のような高級食材には興味がありません。野菜などは出盛りの時季が安いわけですから、旬のものを買うようにしています。スーパーに並んでいる中で一番高いものを選ぶことはないし、買おうと思った野菜があまりに高ければ、ほかのもので代用します。家族の人数が多かったり、保存食を作ったりするなら別ですが、私自身は安いからといって大量にまとめ買いするよりも、使い切りサイズを選んでいます。

食費を抑えたいなら、なるべく土地のものを食べるようにすることも、ひとつの方法だと思います。私も加工肉やチーズ、ワインなどの輸入品を買いますが、どうしてもコストが価格に上乗せされてしまいます。そのまま食べられて栄養的にもすぐれたお豆腐、焼くだけで立派なメインディッシュになる新鮮な魚、つけるだけで素材をおいしくしてくれるしょうゆや味噌……日本の食材や調味料は本当に素晴らしいと思います。安く手に入る和食の食材を、どんどん活用したいものです。そしてもうひとつは、加工品や半調理品よりも、素材そのものを買うこと。洗って切ってある野菜より丸ごとの野菜、豆なども缶詰ではなく乾物を戻して使えばずっと割安です。

ものごとの優先順位は個人によって違うでしょう。お金よりも時間が足りないなら、便利な加工品を使って台所仕事のストレスを減らす、という考え方ももちろんあります。食費を抑えるといっても限界があります。考えてみれば、食費に比べて美容院代はずっと高いですよね。食費を削りにくければ、家計費にどこか無駄がないか見直し、自分にとってお金をかけたいのはどこで、かけなくていいのはどこなのか、考えてみるのも大切です。

西欧のクリスマスや日本のお正月のように、特別なときには普段より上等な食材に手をかけて料理する、そんなメリハリも大事。我が家ではヨーロッパ産のホワイトアスパラガスが手に入ると、生ハム、とっておきのドイツワインと一緒に存分に楽しみます。一年に1度、その時季だけの贅沢です。普段の外食は週末のランチくらいですが、3、4カ月に1度くらいは夫と馴染みのフレンチレストランにディナーに出かけ、食べたいものを我慢せず、本当においしい！　と思えるシェフの真心のこもったお料理を楽しんでいます。

毎日のごはん――自分のベーシック料理を持つ

料理は毎日のことです。それを大変にしないで、楽にこなすためには、自分の基本を持つことが大事です。日々、食材を無駄にせず献立をくり回していくこと、展開と応用でレパートリーに変化をつけていくこと。それができるようになることが、基本を持つことの意味だと思います。基本を踏まえていればこそ、柔軟に使いこなせるというのは、料理だけではなく、何にでも通じることではないでしょうか。料理の基本を身につけることは、自分と家族の健康のため、日々おいしく食べる助けになってくれるのです。

私の基本をご紹介しましょう。スープストックとソースは西洋料理の基本。おいしいだしさえ引ければ、料理の味が決まるのは和食ももちろんですが、私の場合はコルドン・ブルーで教わったスープストックがベースです。ソースは子供の頃から母の味で馴染んでいたホワイトソース、そしてトマトソース。シチュー、グラタン、パスタなど、それぞれさまざまに展開していくことができます。

ドレッシングは、油と酸味の比率が3対1が基本で、ここに塩、こしょう、甘みをプラスします。酸味は好みのお酢でも、レモン汁でもよく、甘みははちみつでも砂糖でもジャムでもOK。西洋料理は基本的に甘くないもの。ですから、甘みは控えめにするのがポイントです。具材を替えればサラダのバリエーションは無限です。

和食の場合は、「たれ」がソース、和え衣がドレッシングに相当するのではないでしょうか。煮物の基本の配合は、しょうゆと甘みが1対1。この配合比率さえ押さえれば、いかようにも応用できます。うちでは甘みは夫の実家風にザラメですが、何でも使い慣れた好みのものでよく、砂糖でもみりんでも、それぞれ半々でもいいのです。

煮物はだしがないと、と思うかもしれませんが、魚や肉を使った煮物なら、素材自体の味でだしがなくてもおいしくできます。野菜ならだしがないときはだしが出るもの、たとえば昆布やじゃこなどを水から入れ、素材と一緒に煮れば大丈夫。あとは水分の出る食材なら水や酒は控えめに、とか、しょうが焼きのように味をからめて仕上げたい料理なら砂糖より水分の多いみりんのほうが調理しやすい、とか、食材と調理法によって適宜考えて、水や酒などの水分を足したり引いたりします。野菜などの食材は、その時々で同じ野菜でもやわらかさなどが違います。レシピに頼るのではなく、素材をよく見て、味見したり、調理中の状態を見ながら仕上げます。

食材も、この調理法には何が合うかな？　と考えてみると、バリエーションが広がります。たとえばきんぴらはごぼうが一般的ですが、れんこんもおいしいですよね。そうか、しゃきっとした食感のものが向いているんだな、とわかれば、セロリのきんぴらも定番になります。この組み合わせはおいしい、と思ったら、なぜおいしいのか、「おいしい理由」を自分なりに考えてみるのです。

そして、これさえあれば料理がおいしくなる、と私が頼りにしている食材が、常備しているベーコン、さつまあげ、アンチョビ。ベーコンもさつまあげも、それ自体たんぱく源でもありますが、ほかの素材と一緒に煮ることで、旨みと複雑さが生まれます。アンチョビも同じく味に深みを与えてくれるもの。調味料として、味の淡泊な食材をおいしくしてくれます。

タニアのいつものレシピ

1.材料を全部鍋に入れ、ひたひたに水（約2ℓ）を加える。
2.中火でゆっくり煮て、沸騰寸前に火を弱める。あくを取りながら、コトコトと煮立つ状態で30～40分煮る。
3.冷めたらザルなどで漉す。

◉塩は入れず、だしを料理に使うときに入れる。マッシュルームなどきのこの軸は、あればでかまわない。煮詰め加減は好みで。本文の理想のくり回し例のように、だしをとった初日は肉や野菜をポトフとして食べてもいい。

鶏のだし（作りやすい分量）

鶏手羽元（皮を取る）……20本くらい
玉ねぎ（くし形切り）……1個
にんじん（粗いいちょう切り）……1本
セロリ（粗い斜め切り）……1本
ねぎ（粗い斜め切り）……1本
マッシュルームの軸（あれば）……適宜
月桂樹……1枚　タイム……1枝
パセリの茎……1本
黒粒こしょう……4～5粒

チキンヌードルスープ（2人分）

玉ねぎ（さいの目切り）……1/2個
にんじん（さいの目切り）……1/2本
セロリ（さいの目切り）……1/2本
オリーブ油……適宜
鶏のだし……500mℓ
マカロニ……80g
鶏のだしをとったときの鶏肉……適宜
塩、こしょう……各適宜

1. 鍋にオリーブ油を入れて野菜を軽く炒め、鶏のだし、マカロニを加えて煮る。
2. 野菜とマカロニがやわらかくなったらほぐした鶏肉を加える。
3. 塩、こしょうで味をととのえ、器に盛りつける。

◉香味野菜以外の野菜は好みで加える。この日は余っていたブロッコリーの茎。マカロニの代わりに米を入れたチキンスープはドイツの家庭料理の定番。

枝豆のポタージュ（2人分）

枝豆（さやから出して薄皮をむく。冷凍でも可）……200g
鶏のだし……300mℓ
塩、こしょう……各適宜
ミント……少々（あれば）

1. 鍋に枝豆と鶏のだしを入れ、中火にかける。
2. 枝豆がやわらかくなったらハンドブレンダーでピューレ状にする。
3. 塩、こしょうで味つけし、ミントを添える。そのまま置くと色が悪くなるので、すぐに食べる。

◉独身時代から愛用しているハンドブレンダーはポタージュを作るのに便利。鶏のだしがあれば、ブロッコリー、にんじん、かぼちゃ、じゃがいも、そら豆、グリーンピースなど、ある野菜でポタージュにできる。

魚のだし（作りやすい分量）

タイの頭……2尾分
玉ねぎ（くし形切り）……1個
セロリ（粗い斜め切り）……1本
ねぎ（粗い斜め切り）……1本
月桂樹……1枚
タイム……1枝
パセリの茎……1本
黒粒こしょう……4～5粒

1.タイの頭は流水でよく洗い、血合いを取る。
2.材料を全部鍋に入れ、ひたひたに水（約2ℓ）を加え、中火でゆっくり煮る。
3.沸騰寸前に火を弱め、コトコトと煮立つ状態で20～30分煮る。あくが出るようだったら取る。
4.冷めたらザルなどで漉す。
◉鶏のだし同様、塩は入れない。ハーブも控えめなので、洋風の魚のスープだけでなく、吸い物のだしに使ってもいい。

タラのリゾット (2人分)

真ダラ……2～3切れ
玉ねぎ（みじん切り）……1/4個
にんにく（みじん切り）……1/4かけ
オリーブ油……大さじ1～2
米……1/2カップ
白ワイン……50mℓ　魚のだし……適量
万能ねぎ（小口切り）……10本
塩、こしょう……各適宜
バター、パルメザンチーズ……各適宜

1. 鍋に玉ねぎとにんにくを入れ、オリーブ油で透き通るまで炒める。塩、こしょうしたタラを入れて炒める。
2. タラをいったん取り出し、米を洗わずに入れ、少し透き通るくらいまで炒める。
3. 白ワインを加え、表面が軽くふつふつする程度の火加減で、時々かき混ぜながら米に水分を吸わせる。魚のだしをお玉に1杯ずつ加え、米が水分を吸ったらだしを足す作業を繰り返し、好みのかたさになるまで15～20分煮て、水分が少し残った状態で仕上げる。
4. タラを戻し入れ、万能ねぎを混ぜ、塩、こしょう、バター、パルメザンチーズで味をととのえる。

魚のブイヤベース風スープ (2人分)

タイ、真ダラなど白身の魚……2切れ
アサリ……1パック　有頭エビ……2尾
玉ねぎ（みじん切り）……1/4個
にんにく（みじん切り）……1/2かけ
プチトマト……10個　タイム……1枝
魚のだし……300mℓ
オリーブ油……大さじ1
白ワイン……大さじ3～4
塩、こしょう、パプリカ、薄力粉
……各適宜
パセリ（みじん切り）……適宜

1. 魚に塩、パプリカをふり、薄力粉をまぶす。アサリは砂抜きして洗い、エビは殻をむき塩とパプリカをふる。
2. 鍋にオリーブ油を熱し、玉ねぎとにんにくを炒め、香りが出てきたら魚を入れて焼き目をつける。アサリとエビを入れ、白ワインを加え、中火で煮詰める。
3. 2に魚のだし、タイムを入れ、沸騰したら火を弱め、プチトマトを入れる。
4. アサリの口が開いたら、塩、こしょうで味をととのえる。
5. 器に盛り、パセリを散らす。

タニア流ホワイトソース

（作りやすい分量）
バター、薄力粉……各20g
鶏のだしまたはコンソメスープ
（キューブを溶いたものでも可）……125mℓ
牛乳……125mℓ
塩、こしょう、ナツメグ……各適宜

1. バターを鍋に溶かして薄力粉を加え、色が変わらない程度に中火で長めに炒めて火を通す。
2. 鶏のだしを少しずつ加えてのばし、とろみがつくまで煮る。牛乳を加えて少しずつのばし、粉っぽさがなくなるまで煮て、塩、こしょう、ナツメグで味をととのえる。表面に膜が張るので、ステンレスのボウルに移し替え、ソースにじかにラップを貼りつけると、はがすとき膜も一緒にはがれる。
◉水分が全部牛乳だと重たくなるので、料理によって牛乳とスープの割合を調節。ラザニアなどは牛乳だけで作る。牛乳の代わりに生クリームを入れることも。

鶏ときのこのシチュー（2人分）

鶏もも肉（ひと口大に切る）……1枚
マッシュルーム……10個
ペコロス……10個
バター、薄力粉……各20g
生クリーム……大さじ3
塩、こしょう、パプリカ……各適宜
鶏のだしまたはコンソメスープ
……500～600mℓ
レモン汁……適宜
ご飯……適宜
パセリ（みじん切り）……適宜

1.鍋にバター（分量外）を熱し、マッシュルームを炒める。塩、こしょう、パプリカをふった鶏肉を入れ、焼き目をつける。ペコロスを入れ、鶏のだしを加えてやわらかくなるまで煮る。
2.別の鍋にバターを溶かし、薄力粉を加えて炒める。1のスープを少しずつ加えてのばし、生クリームを混ぜる。
3. 2を1の鍋に入れ、塩、こしょう、レモン汁で味をととのえる。器にご飯を盛ってシチューをかけ、パセリを散らす。

カリフラワーとブロッコリーのグラタン（2人分）

カリフラワー、ブロッコリー……各1/2株
ゆるめのホワイトソース……適宜
（グラタン皿の野菜がかぶる程度）
グリュイエールチーズ
（すりおろす）……50g
塩……適宜

1.カリフラワーとブロッコリーは食べやすい小房に分け、塩ゆでする。水気を切り、グラタン皿に並べる。
2.ホワイトソースを鍋で温め、グリュイエールチーズを加えて溶かす。味を見て足りなければ、塩を足す。
3. 2を1の上にかけ、180℃に熱したオーブンで表面に色がつくまで20～30分焼く。
◉子供の頃から親しんだ母の味。野菜を鶏のだしかコンソメスープでゆで、ゆで汁をホワイトソースを作るときに使ってもいい。

トマトソース

（作りやすい分量）
トマト（イタリア産トマトの水煮缶）
……1缶（400g）
オリーブ油……大さじ3
にんにく（つぶす）……1かけ
塩、こしょう……各適宜
砂糖……ひとつまみ

1. トマトを鍋に入れ（ホールならブレンダーでピューレ状にする）、オリーブ油、にんにくを加え、塩、こしょう、砂糖を入れてふたをし、強火にかける。
2. 沸騰したら中火に落とし、水分がとぶようにふたを少し開け、時々かき混ぜながら約40分かけて水気が少なくなるまで煮詰める。味が足りなければ、塩、こしょうでととのえる。

◉トマト1缶なら、1回で使い切る量。3缶で作り、小分けにして冷凍することが多い。タイム、ローズマリー、オレガノなどのハーブを入れてもいい。

ブリのソテー
トマトソース（2人分）

ブリ……小2切れ
塩、こしょう、薄力粉……各適宜
オリーブ油……大さじ1～2
鷹の爪（種を取る）……1本
トマトソース……150mℓ
黒オリーブ（輪切り）……10粒
ケッパー……大さじ2～3

1. ブリに塩、こしょう、薄力粉をふる。
2. フライパンにオリーブ油を熱し、鷹の爪を入れ、香りが出てきたら1を入れて両面こんがりと焼く。
3. 2にトマトソースを加え、黒オリーブ、ケッパーを入れて2～3分煮る。
◉魚はサバなど青背の魚でも、タイなど白身の魚でもいい。

ベーコンとなすの
トマトスパゲッティ（2人分）

ブロックベーコン（拍子木切り）……50g
なす（へたを取り輪切り）……2個
オリーブ油……大さじ1～2
スパゲッティ……160g
トマトソース……右ページの1缶分弱
モッツァレラチーズ（ちぎる）……1/2個
塩、こしょう……各適宜
パルメザンチーズ……適宜
フレッシュバジル……適宜

1. スパゲッティは表示時間通りにゆでる。
2. フライパンに少量のオリーブ油を入れ、ベーコンをきつね色になるまで炒める。
3. 2になすを加え、残りの油を足してしんなりするまでしっかり火を通す。
4. トマトソースを加え、モッツァレラチーズを入れて塩、こしょうで味をととのえたら、スパゲッティを入れて和える。
5. 器に盛り、好みでパルメザンチーズをかけ、バジルを散らす。

ドレッシング

（作りやすい分量）

塩、こしょう……各適宜
はちみつ……少々
黒酢……大さじ1
オリーブ油……大さじ3

1.ボウルに塩、こしょう、はちみつを入れ、黒酢を加えて、塩とはちみつが溶けるまで泡立て器でよく混ぜる。

2.味を見て、よければオリーブ油を加えてよく混ぜる。

◉基本の配合は酢と油が1：3。酢はワインビネガーでも米酢でも好みのものを。はちみつの代わりに砂糖やジャムなどでもいいが、洋風料理のドレッシングは甘さ控えめに仕上げる。酸味の少ない酢を使った場合は甘みを入れなくてもいい。和食に使う場合は塩の代わりにしょうゆを入れてもいい。

コールスロー（3〜4人分）

キャベツ（せん切り）……1/4個
玉ねぎ（薄切り）……1/2個
にんじん（せん切り）……小1本
絹さや（せん切り）……3枚
ドレッシング……大さじ1
マヨネーズ……大さじ1

1. 野菜をボウルに入れ、ドレッシングで和える。
2. しんなりしたらマヨネーズを加えて混ぜ合わせる。時間を置いて味をなじませたほうがおいしい。

シンプルグリーンサラダ

サニーレタス……適宜
クレソン……適宜
万能ねぎ（小口切り）……適宜
ドレッシング……適宜

1. サニーレタス、クレソンは食べやすい大きさにちぎり、よく洗って水気を切る。
2. ボウルに1と万能ねぎを入れ、ドレッシングで和える。
◉葉ものは1種類でもかまわないが、2〜3種混ぜたほうがおいしい。サラダにはクレソン、ルッコラなど、苦みのある葉ものが向くが、それだけだと高価になるのでレタスなどを混ぜる。万能ねぎは和洋に使えて便利なので、冷蔵庫に常備している。

豚肉のしょうが焼き (2人分)

豚肉（しょうが焼き用）……2～3枚
しょうゆ……大さじ1 1/2
みりん……大さじ1 1/2
しょうが（すりおろす）……1かけ
サラダ油……少々
キャベツ（せん切り）……適宜
パセリ（みじん切り）……適宜

1. バットにしょうゆ、みりん、しょうがを合わせ、豚肉を10～20分漬け込む。
2. フライパンにサラダ油を熱し、漬けだれを軽く切った豚肉を中火で焼く。両面が焼けたら皿に盛る。
3. 1の漬けだれをフライパンで煮詰め、肉にかける。
4. パセリを混ぜたキャベツを添える。

◉和風料理の調味料の基本の配合は、しょうゆと甘みが1：1。しょうが焼きはたれがよくからむように砂糖でなく液体のみりんを使う。

タニア流和風だれ

なすの味噌炒め（3～4人分）

なす（へたを取り縦に6～8等分）
……4～5本
ごま油……大さじ2～3
サラダ油……大さじ2～3
味噌……大さじ1
ザラメ……大さじ1
しょうが（せん切り）……少々

1.鍋にごま油とサラダ油を各大さじ2熱し、なすを皮を下にして入れ、しっかり焼く。様子を見ながら油を足し、時々裏返し、竹串がすーっと通るくらいまで焼く。
2.味噌とザラメを入れ、味噌を少し焦がす。だし、酒、水など（各分量外）を少々加えてなすに味噌をからめ、煮詰める。
3.器に盛り、しょうがを添える。
◉味噌味の和風料理は味噌と甘みの割合が1：1。ここでは鹿児島風の麦味噌とザラメだが、何を使ってもかまわない。

「何も置いていないキッチンで、まっさらな紙に文字を書くように、すっきりした気分で料理を始めます」

あると便利な買い置き食品❶
ベーコン

ジャーマンポテト（2人分）

じゃがいも（メークイン）……2個
バター、サラダ油……各大さじ1 1/2
ブロックベーコン……80g
玉ねぎ（1cm幅の輪切り）……1個
塩、こしょう……各適宜
タイム（みじん切り）……適宜
コルニション……適宜

1. じゃがいもは前日に皮つきのまま約20分水から塩ゆでし、ザルに上げて冷ます。乾燥したほうがいいので、ラップをせずに一晩冷蔵庫に入れておく。
2. 1を料理する1時間前に冷蔵庫から出し、皮をむいて1cm幅の輪切りにする。
3. フライパンに少量のサラダ油とバター（分量外）を熱し、拍子木切りしたベーコンを中火で炒め、脂を出す。玉ねぎを加えてしんなりするまで炒め、取り出す。
4. フライパンにサラダ油とバターを熱し、じゃがいもを中～弱火で両面きつね色になるまで焼く（片面約10分）。重ならないように並べて、あまり動かさずに焼く。
5. 全体に焼き目がついたらしっかりと塩、こしょうをし、3を合わせる。
6. 器に盛り、タイムを散らし、コルニションを添える。

◉残りご飯で作るチャーハンのように、ドイツでは前日のじゃがいもで作る料理。

残り野菜のスープ（2人分）

レンズ豆（乾燥）……100g
セロリ（1cmの角切り）……1/2本
にんじん（1cmの角切り）……1/2本
玉ねぎ（1cmの角切り）……1/2個
ブロックベーコン（拍子木切り）……100g
月桂樹……1枚
タイム、パセリの茎……各1本
水（またはコンソメスープ）……7～8カップ
塩、こしょう、ワインビネガー、パセリ（みじん切り）……各適宜

1. 鍋に少量のバター（分量外）、野菜、ベーコンを入れて炒め、ベーコンの脂を出す。
2. 野菜がしんなりしたら、洗ったレンズ豆、ハーブ類を加え、水を入れて沸騰させ、中火で約15分、レンズ豆がやわらかくなるまで煮る。
3. 塩、こしょう、ワインビネガーで味をととのえ、器に盛り、パセリを散らす。

◉ベーコンは買い物に行く余裕がないときのお助け食材。いつも1kg前後のブロックを買い、6等分して冷凍している。ベーコンは少量のバターや油で炒めたほうが脂が出やすい。

カリカリベーコンのサラダ

（2人分）

サラダほうれん草……1束
グリーンアスパラガス……6本
ブロックベーコン（拍子木切り）……50g
卵……2個
ドレッシング（P122）……適宜

1.ほうれん草は大きければ食べやすくちぎり、洗って水気を切る。
2.アスパラガスは半分に切って塩ゆでし、冷水に取り、水気を切る。
3.卵は水からゆで、沸騰したら4分で火を止め、半熟にする。
4.ベーコンをフライパンで中火で炒めて脂を出し、ペーパータオルで油を取る。
5. 1、2、4をドレッシングで和えて器に盛り、半熟卵をのせる。

あると便利な買い置き食品❷

さつまあげ

さつまあげと新じゃがの煮物（2人分）

さつまあげ……3本
新じゃが……小6〜8個
サラダ油……少々
しょうゆ……大さじ1
ザラメ……大さじ1
絹さや……3枚

1. さつまあげは半分に切る。新じゃがは小さいものはそのまま、大きければ半分に切り、皮をむく。
2. 鍋にサラダ油を熱し、じゃがいもとさつまあげを入れ、油が回るまで炒める。
3. 水をひたひたに加え、しょうゆ、ザラメを入れ、じゃがいもがやわらかくなるまで煮る。
4. 器に盛り、ゆでた絹さやを添える。

◉さつまあげは鹿児島に行ったときに買うほか、東京では鹿児島県のアンテナショップ、かごしま遊楽館で購入し、冷凍している。棒状のものが使いやすい。

さつまあげうどん（1人分）

うどん……80g
だし……400mℓ
しょうゆ……大さじ1
みりん……大さじ1
さつまあげ……2本
万能ねぎ（小口切り）……適宜

1. うどんを表示時間通りにゆでる。
2. だしを鍋に入れて火にかけ、しょうゆ、みりんを加えて煮立てる。さつまあげも入れて温める。
3. うどんを器に盛り、2のだしを注ぐ。さつまあげをのせ、万能ねぎを散らす。
◉うどんやそばは週末のお昼によく作るメニュー。

さつまあげエッグ（1人分）

さつまあげ……3本
卵……1～2個
オリーブ油……少々

1. フライパンにオリーブ油を熱し、食べやすく切ったさつまあげの断面に焼き目をつける。
2. さつまあげを裏返し、卵を割り入れる。ふたをして、好みの焼き加減に仕上げる。
◉冷蔵庫に何もなく、何も作りたくない日の夜、冷凍庫のさつまあげで。卵に、こしょう、しょうゆをたらし、白いご飯と。

マッシュルームとハムのパスタ（2人分）

マッシュルーム（薄切り）……10個
ハム（短冊切り）……5枚
フェットチーネ……160g
バター……大さじ1 1/2
生クリーム……1カップ
パルメザンチーズ（すりおろす）……大さじ2
塩、こしょう……各適宜
パセリ（みじん切り）……適宜

1. フェットチーネを袋の表示時間通りアルデンテにゆでる。
2. フライパンにバターを溶かし、マッシュルームをしんなりするまで炒める。ハムと生クリームを加え、とろみがついて、約半量になるまで煮詰める。塩、こしょうで味をととのえる。
3. フェットチーネの水気を切ってソースにからめる。ソースがかためならパスタのゆで汁を少し足す。パルメザンチーズをふって混ぜ、パセリを散らす。

◉子供の頃、母が作ってくれた定番パスタ。きのこはあるものでいい。

タニアの定番レシピ

シュニッツェル（2人分）

豚ロース肉（厚さ1cm）……2枚
薄力粉……適宜
卵……1個
パン粉……大さじ2～3
パルメザンチーズ（すりおろす）
……大さじ2～3
サラダ油、バター……各適宜
塩、こしょう……各適宜
じゃがいも……2個
サニーレタス、クレソン……各適宜
ドレッシング（P122）……適宜
レモン……適宜

1.葉ものは洗って水気を切っておく。
2.じゃがいもは皮をむいて食べやすい大きさに切り、煮崩れしないように塩ゆでする。水気を切って冷めないようにする。
3.豚肉はラップにはさみ、めん棒などで叩いて5mm厚さにのばし、塩、こしょうをふる。薄力粉、溶き卵、パルメザンチーズを混ぜたパン粉の順に衣をつける。
4.少し多めの油と少量のバターをフライパンに熱し、160～170℃で3を焼く。片面がきれいに焼けたら裏返す。
5.皿に盛り、2、ドレッシングで和えた1、レモンを添える。

半熟卵とマッシュポテト マスタードソース (2人分)

卵……2個
パセリ（みじん切り）……適宜
［マッシュポテト］
じゃがいも……2個
バター……大さじ1～2
牛乳……大さじ2～3
塩、ナツメグ……各適宜
［ソース］
薄力粉、バター……各20g
鶏のだしかコンソメスープ……200mℓ
牛乳……50mℓ
マスタード（ペースト状）……50g
塩……適宜　砂糖……ひとつまみ

1. 卵を好みの加減で半熟にゆでる。
2. じゃがいもは皮をむき4等分に切って塩ゆでし、水気を切る。熱いうちにマッシャーでつぶし、バターと牛乳を加えてなめらかになるまでつぶす。塩、ナツメグで味をととのえる。
3. 鍋にバターを溶かし薄力粉を加えて炒める。鶏のだしを少しずつ加えながら、泡立て器で絶えずかき混ぜてなめらかなソースを作る。牛乳を加えてのばし、マスタードを加え、塩と砂糖で調味する。
4. マッシュポテトを皿に盛り、卵を中央にのせ、ソースをかけてパセリを散らす。

◉ドイツで過ごした子供時代、祖母がよく作ってくれた、卵を使ったメインディッシュ。

タニア風サラダ（2人分）

鶏もも肉……1枚
ルッコラ……1束
ブロッコリー……1/4株
トマト（くし形切り）……1個
しいたけ……5枚
くるみ……適宜
万能ねぎ（小口切り）……適宜
塩、こしょう……各適宜
バター、しょうゆ……各適宜
ドレッシング……適宜

1.ルッコラはよく洗って水気を切る。ブロッコリーは食べやすい大きさに切って塩ゆでし、冷水に取って水気を切る。くるみはフライパンで軽くいって取り出す。
2.バターをフライパンに熱し、しいたけを焼く。火が通ったらしょうゆを回しかけて取り出す。
3.鶏肉に塩、こしょうをふり、フライパンを熱して皮目を下にして焼く。重みのある鍋を肉の上にのせてしっかり焼き色をつける。皮がカリカリになったら裏返して焼く。食べやすい大きさに切る。
4.1～3、万能ねぎをドレッシングで和える。
◉たんぱく質の入ったメインディッシュになるサラダ。パンを添えて夕食に。

りんごのケーキ

（30cm×40cmの天板1枚分、1個5cm×8cmで30個分）

無塩バター（室温に戻す）……340g
砂糖……340g
バニラエッセンス……少々
塩……ひとつまみ
無農薬レモンの皮（すりおろす）
……1個分
卵（室温に戻す）……6個
薄力粉……540g
ベーキングパウダー……8g
牛乳……大さじ3～4
りんご（紅玉）……6～8個
生クリーム……適宜

1. 天板にバター（分量外）を塗り、粉（分量外）をふって、底にオーブンペーパーを敷く。オーブンを180℃に予熱する。
2. 薄力粉とベーキングパウダーを合わせて2回ふるいにかける。
3. バターと砂糖と合わせて白っぽくなるまで泡立て器でよく混ぜる。卵を1個ずつ割りほぐして加え、その都度しっかり混ぜ合わせる。分離しやすいので、丁寧に。分離し始めてしまったら、後で入れる薄力粉を少し足すとよい。バニラエッセンス、塩、レモンの皮を加えて混ぜる。
4. ゴムベラに持ち替え、2の粉を2～3回に分けて生地に混ぜ込む。生地がかためなら牛乳を大さじ1ずつ加えて混ぜる。
5. 生地を型に流し入れ、表面をならす。
6. りんごは皮をむき、4等分に切って芯を取り、2～3mmの幅に切り込みを入れる。生地の上に並べる。
7. 180℃のオーブンで40～50分焼く。竹串をさして何もつかなければでき上がり。ケーキを冷まして切り分け、好みで砂糖を入れて泡立てた生クリームを添える。

いちごとバナナのフルーツサラダ（2人分）

いちご……5～6個
バナナ……1/2本
砂糖、レモン汁……各適宜

1. いちごは洗って水気をふき、ヘタを取る。大きさによって、そのまま、または半分か4等分に切る。
2. バナナは輪切りにする。
3. 1と2をボウルに入れ、砂糖をふりかけ、レモン汁をかけて和える。少し時間をおいてなじませるとさらにおいしい。

タニアのいつものレシピ

クワルクのある
ドイツ風朝ごはん

ギリシャ風ヨーグルト……適宜
フルーツジュース（りんご、ぶどうなど）
……適宜
ドライフルーツ、ナッツ……各適宜
ミューズリー……適宜
雑穀パン……適宜
バター、ジャム、はちみつなど

1. 市販のギリシャ風ヨーグルト（なければ無糖のヨーグルトをパンにのせられる程度にしっかり水切りする）をバターを塗ったパンにのせ、好みでジャムやはちみつもつける。
2. ヨーグルトを器に盛り、ミューズリー、ドライフルーツ、ナッツなどを添える。普通のヨーグルトなら水切りせずそのまま、ギリシャ風ヨーグルトならフルーツジュースでのばす。フレッシュな季節の果物を添えてもいい。
◉クワルクはドイツで一般的なフレッシュチーズ。日本では手に入りにくいので、ヨーグルト（風味や食感が一番近いのはギリシャ風ヨーグルト）で代用している。ハムなどの加工肉、ハードタイプのチーズを添え、コーヒーとともに朝食に。

門倉多仁亜（かどくらたにあ）

1966年ドイツ人の母、日本人の父の長女として日本で誕生。父の転勤などで、ドイツ、アメリカで育つ。国際基督教大学卒業後、外資系証券会社に勤務。結婚後、夫とともにロンドンへ行き、当地のル・コルドン・ブルーにて料理を学ぶ。帰国後、料理教室やドイツのライフスタイルについてのセミナーなどを行う。著書に『タニアのドイツ式部屋づくり』（ソフトバンククリエイティブ）、『ドイツ式心地よい住まいの作り方』（講談社）、『タニアのドイツ式シンプル料理』（NHK出版）などがある。

タニアのドイツ式台所管理術
献立のくり回し・整理・掃除……台所仕事のすべて

2013年6月10日　第1刷発行

著者／門倉多仁亜
発行者／加藤 潤
発行所／株式会社 集英社
〒101-8050 東京都千代田区一ツ橋2-5-10
電話／編集部：03（3230）6068
販売部：03（3230）6393
読者係：03（3230）6080
印刷所／凸版印刷株式会社
製本所／ナショナル製本協同組合

ISBN 978-4-08-786032-0　C0095

デザイン／山口信博＋堀江久実　撮影／鈴木静華　編集協力／成合明子